10年後に勝ち残るEC戦略

林部健二
Hayashibe Kenji

はじめに

やったほうがいいのはわかってるんだけどねえ……うちの場合、今の体制でも日々の業務は回せているし、やっぱりそこまで急がなくてもいいかな……。

これだけ世の中で「ＤＸ」やら「デジタルシフト」やらが叫ばれ、「ＡＩ」の脅威を身近に感じる昨今、多くの人が「自分たちも何か変わらないといけないんじゃないか」という焦りや不安を抱いていることでしょう。

わたしはコンサルタントとして、日頃から「社内のデジタル化をサポートしてほしい」という相談をたくさん頂くので、数多くの企業のお話を伺ってきました。

しかし、実際にヒアリングを行って課題を分析し、その企業の現状や悩みに即したＥＣ戦略や、それに伴う業務改善の計画などをまとめて提案すると、冒頭のような歯切れの悪い回答が返ってくることが多いのです。
その理由は会社によってさまざまですが、たいていは次のような理由に集約されます。

・思っていたより長期的なプロジェクトだった。
・予算をそこまでかけられない。
・社員は既存業務で手一杯であり、プロジェクトに人員を割く余裕がない。
・そもそもデジタルに詳しい人材が社内にいない。

要するに、「もう少し手軽にできると思っていた」といったところでしょうか。

「時代に合わせて自分たちも変わらなければ」という思いはあるものの、いざデジタル化の具体的なプロセスや、必要な費用と時間を目の前にすると、「今じゃなくてもいいかな……」と重い腰が上がらないのでしょう。

しかし、**企業はEC化に今すぐ取り組むべきです。**

わたしは2001年にアマゾンジャパンの立ち上げに参画し、約十年にわたり、その目覚ましい成長を目の当たりにしてきました。主に流通部門に携わっていたこともあり、アマゾンが小売業界のみならず、流通業界にもイノベーションを起こした経緯を見てきたのです。

そのわたしがひしひしと感じているのは、「今ふたたび世界の流通が変わろうとしている」ということです。それも、アマゾンが急速に小売業と流通市場の勢力図を塗り替えていったときと同じくらいのインパクトを持って。

その一つに、ここ数年のD to Cメーカーの台頭があります。D to CとはDirect to Consumerの略で、メーカーが自ら企画、製造した商品を流通や小売を介さずに直接顧客に販売する手法です。中間業者を排することで、スピーディーにかつコストを抑えて商品を販売することができます。

中国発のDtoCアパレルブランド「SHEIN（シーイン）」は、これまでにない低価格を実現し、ファストファッション業界を席巻しています。

SHEINは、中国企業でありながらシンガポールに本社を置き、2021年にアメリカで人気が爆発。App Annie（現・data.ai）のデータによると、2021年5月にはアマゾンを抑えて「アメリカで最もダウンロードされたショッピングアプリ」に。

さらに、2022年4月にはアメリカの『ウォール・ストリート・ジャーナル』が、SHEINの推定時価総額が1000億米ドルを超え、ファストファッションブランドの二大巨頭、ZARAとH&Mの合計を超えたと伝えました。

SHEINの最大の特徴は、驚くべき低価格です。トップスは数百円台が当たり前、スカートやパンツなども1000~2000円台で購入可能。靴下やアクセサリーなどは100円を切ります。

このような類まれな低価格を実現可能にしたのが「アルゴリズムを活用した小ロット生産」です。売上や顧客の閲覧行動などのデータを取り入れたアルゴリズムを用いることで、顧客の需要、いわゆる「売れる商品」をローコストで特定。そして、最初に各アイテム100着という小ロットでの生産を工場にオーダーします。

　毎日の販売実績は工場のシステムと連携しており、ある工場が納品したアイテムが30着売れるごとに自動的に追加の発注が入る仕組みになっています。追加発注がくり返されて「売れ筋商品」と認識されれば生産量が増やされ、反対に売れなければその時点で生産打ち切りになるのです。


　この生産管理方法により、SHEINの販売率は98%を記録。つまり、100アイテムのうち98アイテムが売れており、SHEINには「売れない商品はほとんどない」という状態になっているのです。

　売れる商品を見極め、売れ筋に大きな経営資源を投入し、効率よく売上につなげる。おそらくどのブランドも「それができたら」と考えてきたことを、SHEINはあっという間に実現させていったのです。

　このように、DtoCメーカーは、大手メーカーが長年かけて培ってきたビジネス領域に参入し、新しい方法で革命を起こし、もの凄いスピードでビジネスを拡大しています。

このままでは、自分たちが築いてきたビジネスが根底から覆されてしまうかもしれない。自社が従来のフローで商品を製造し、流通や小売に卸している間に、新興企業に追い抜かれてしまうかもしれない。果たして、そうした危機感を持っている企業はどれだけいるのでしょうか？

企業間のやり取りにおいても、デジタル化は日々進化しています。

これまで発注の連絡はメールでやり取りしていたのに、オンラインフォームに入力して送信する方法に変わった。手書きで記入した紙の書類が届いていたのに、QRコードを読み込んで書類をダウンロードするやり方に変わった。この数年で、こうしたデジタルへの移行を肌で感じている人は多いのではないでしょうか。

人々がこうしたデジタルの良さに慣れていくなかで、ＦＡＸやメールでしか発注できない、サンプルやカタログを請求するだけで数日かかる、紙の契約書への押印が必要といった企業は、今後取引先に選ばれにくくなっていく可能性があります。

そんな大袈裟な、と思うかもしれません。でも、これまで自分たちが選ばれてきた理由——商品の魅力、高い技術力、きめ細やかなサービスなどと並んで、今後は「デジタル対応しているか否か」が、顧客に選ばれる一つの指標となっていくでしょう。今EC化に踏み出すかどうかが、会社の未来を左右します。10年後に勝ち残るために、今その重要な選択を迫られているのです。

ただ、誤解してほしくないのですが、この本はすべての企業に対して「DXで会社にイノベーションを起こし、社会にインパクトを与えよう」という壮大なメッセージを謳いたいわけではありません。

わたし自身、多くの日本企業を見てきて、会社の仕組み、考え方、商慣習、文化などさまざまな要因により、大きな改革や変化を起こすことの難しさを熟知しているつもりです。

ですので、最先端の企業の取り組みや事例ばかりを取り上げて、派手でかっこいいことを伝える本ではありません。でも、その分、日本企業の現状に即した内容になっていると自負しています。EC化にあたって企業がぶつかるさまざまな課題をわかっているからこそ、派手ではないけれど、リアルで役に立つ本になっているのではないか、と。

詳しいことは1章以降の本文に譲りますが、デジタルが当たり前になっている今の時代、EC化はあらゆる点で以前よりも行いやすくなっています。高度なテクノロジーを持っていなくても、やるべきことをきちんとやるだけで成果を得られるようになっているのです。

ただ、デジタルが最先端であれば必ずしも良い企業というわけではありません。デジタル対応していることは、これから顧客に選ばれるための一要素になっていきますが、**やはり最強の武器となるのは商品です。**

もちろん、時代に合わせて商品の種類は変わっていくでしょうし、自社のビジネスのコアを再定義する必要に迫られることもあるかもしれません。しかし、これまで培ってきた技術、ノウハウ、経験は、その企業の努力の産物であり強みで、テクノロジーに取って代わられるものではありません。

むしろ、**企業の強みや魅力をテクノロジーと掛け合わせることで、10年後に勝ち残る次世代のビジネスを築くことができる**のです。

これまでテクノロジーとは縁遠かった業界、デジタル化やECの必要性を感じながらもまだ踏み出せていない企業、何から手をつけたらよいかわからないでいる人々に、教科書的に役に立つ一冊となれば幸いです。

林部　健二

CHAPTER 1

CHAPTER 2

CHAPTER 3

CHAPTER 4

CHAPTER 5

すべての企業を悩ます予算と人材の課題

CHAPTER

1

デジタル統合で変わる市場
——10年後の勝者は誰か

真の勝ち組はアマゾンではない？

書籍、漫画、雑誌などの出版物は、もともと書店に足を運んで、実際に商品を手に取って買うものでしたが、２０００年代後半ごろからのアマゾンの台頭により、インターネット経由で購入する機会が増えました。そしてついに２０２３年、**インターネット経由での出版物の購入額が、リアル書店経由での購入額を上回った**のです。

２０２２年度の出版物購買額を見てみると、リアル書店経由が９４４０億円、インターネット経由が９５４２億円。割合でいうと50・３％がインターネット経由の購買額で、わずかではありますがリアル書店の購買額を超えました。出版物は、リアル書店よりもネットで売れる時代に突入したのです。

経由別 出版物購買額（金額）

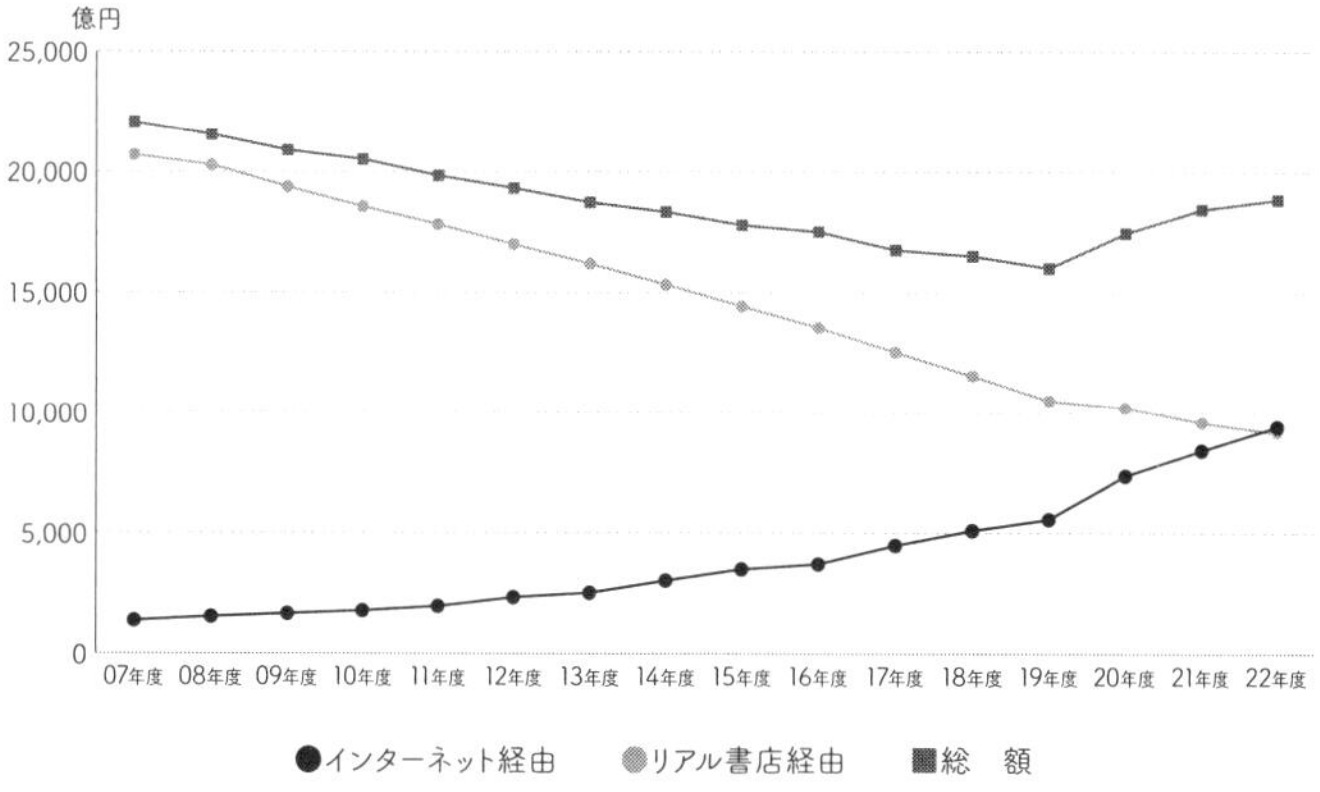

（出典）ガベージニュース，「ついに逆転、49.7％対50.3％…リアル書店とインターネット経由の出版物の売上動向（最新）」

経由別 出版物購買額（構成比）

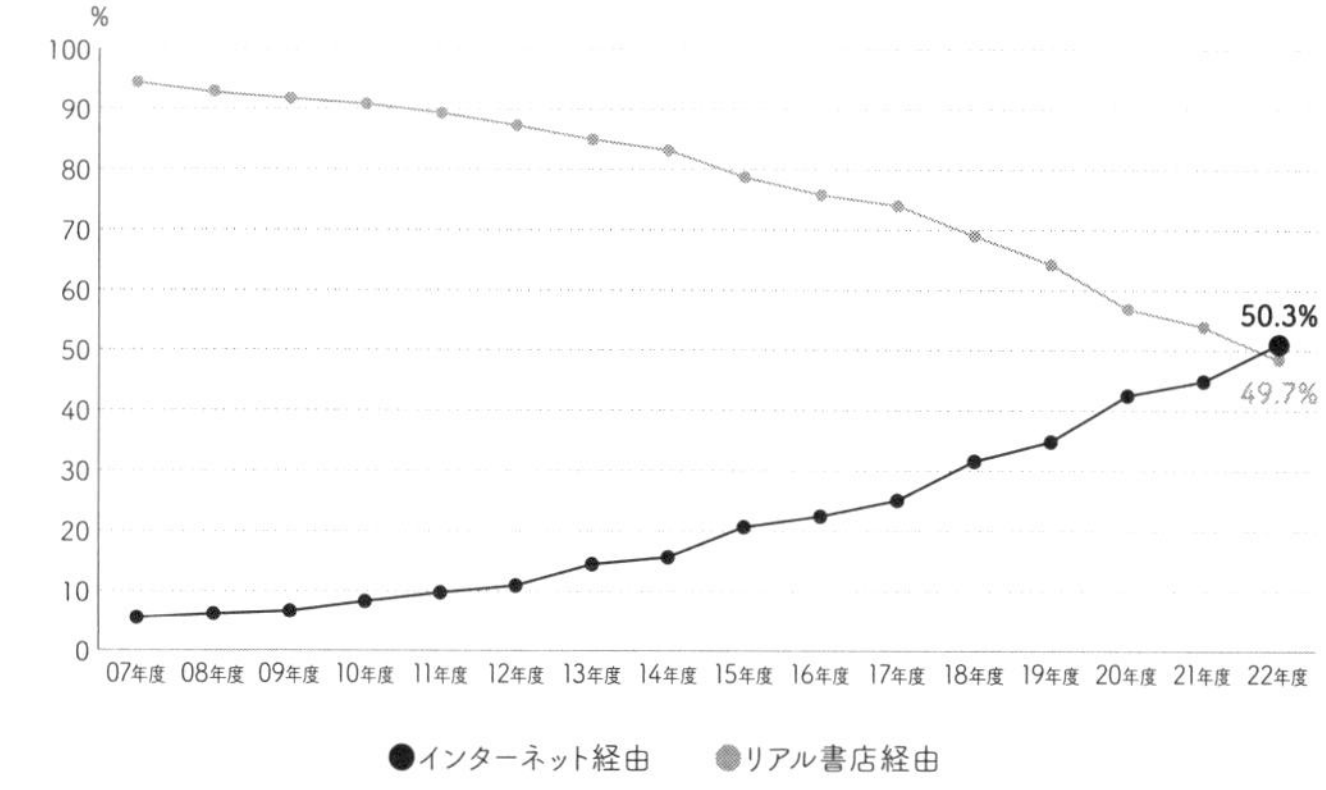

（出典）ガベージニュース，「ついに逆転、49.7％対50.3％…リアル書店とインターネット経由の出版物の売上動向（最新）」

ちなみに、インターネット経由に含まれているのは、ネットで購入された紙の出版物とデジタル出版物（電子書籍、電子コミック、電子雑誌など）です。

「ネットで購入」「電子書籍」などと聞くと、真っ先に頭に浮かぶのはアマゾンでしょう。「アマゾンは儲かっているんだろう」「やっぱりアマゾンは凄いな」と感じる人が多いかと思います。

確かに、「ネットで本を買う」という現在の流れを作ったのはアマゾンです。また、電子書籍サービスKindleと、端末上で電子書籍購入と読書の両方を行えるKindle端末を販売することで、「電子書籍を買って読む」という文化を推し進めたのもアマゾンの力が大きいでしょう。

しかし、近年の、特にデジタル出版物の伸びについては、アマゾンだけが努力をして儲かっているわけではなさそうです。

先ほどのグラフを見てわかるとおり、２００７年度から２０１９年度は、出版物購買額は年々落ちていく状態でした。長らく「出版不況」といわれていたとおりです。

しかし、２０２０年度を境に右肩上がりの伸びを見せています。２０２０年といえば、コロナ禍の巣ごもり需要で本を読む人や勉強をする人が増えたり、ステイホームを利用して漫画を一気読みする人が増えたりする傾向がありました。

こうした時代の影響もありますが、出版社がアマゾンに頼るのではなく、**出版社自身が本気でデジタル領域に力を入れて取り組み、成功していることが「脱・出版不況」を導いた**といえます。実際、大手出版社ではデジタル領域の売上の伸びが顕著であり、２０２０年を境に会社としての利益も急増しました（次ページのグラフでは、例として集英社を取り上げていますが、大手出版社はどこも似たような傾向にあります）。

集英社の売上高と純利益の推移

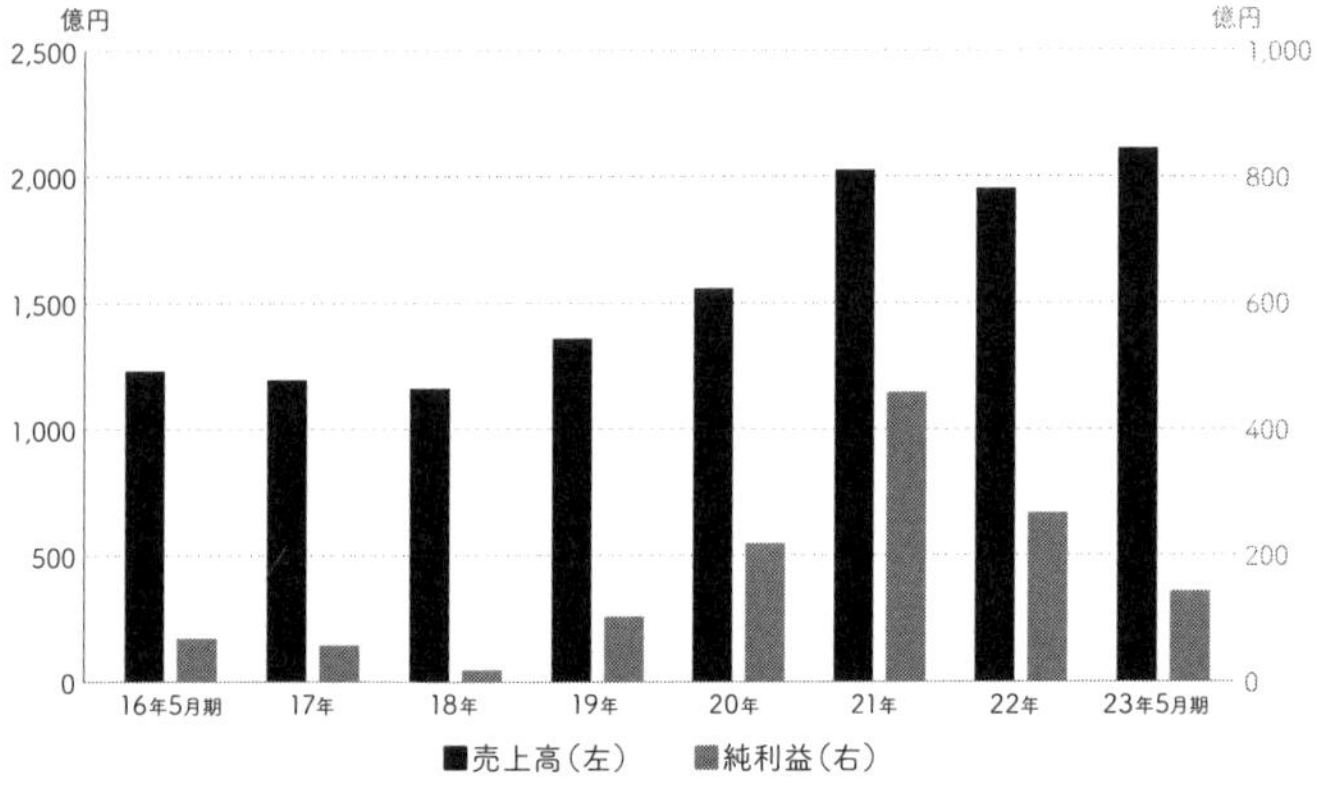

（出典）集英社決算発表

集英社のカテゴリ別 売上推移

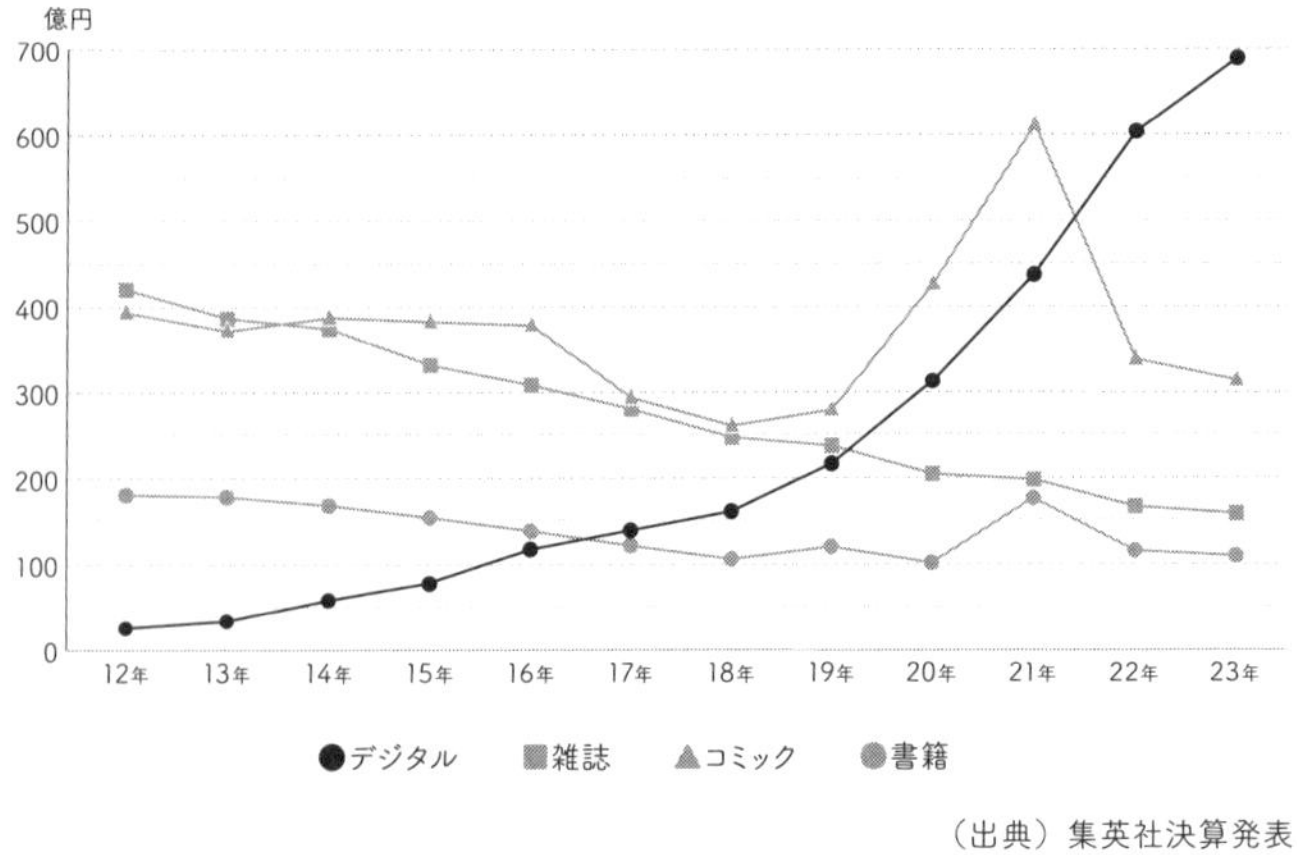

（出典）集英社決算発表

出版社のデジタル領域には、紙の書籍やコミックの電子化、電子コミックサービス、自社のオンラインストアでの販売などがあります。

アマゾンは電子書籍の「販売」の部分を行っていますが、紙の書籍やコミックを電子化するのは出版社の仕事です。数年前は、アマゾンを見ても「紙の書籍は販売しているけれど電子化はされていない」という本がまだまだ多くありました。それが今では、新刊書籍でも紙と電子が同時に発売されることが一般的になってきました。出版社がコンテンツの電子化を熱心に行っているということです。

電子コミックサービスは、アプリやブラウザなどウェブ上でコミックを読めるサービスのことです。出版社を横断してコミックを配信しているものも多いですが、大手出版社の多くは独自にコミックを配信するサービスを持っています。

特に、集英社が運営する「少年ジャンプ＋」は非常に人気で、大ヒットした作品には『SPY × FAMILY』のような有名なタイトルがあります。『SPY × FAMILY』は、まだアニメ化されていない２０２１年当時ですでに、コミック単行本が６巻で累計

800万部を突破。こうした人気作品は各話が掲載されると、単行本を待たずして閲覧数1000万PV（ページビュー）を超えるそうです。ジャンプ＋は、ウェブ媒体のオリジナル作品でも大ヒットを生み出せるということを証明した良い例でしょう。

ジャンプは以前から、常に新人作家探しに注力していましたが、紙のコミック上ではどうしても紙面の制約がありました。しかし、ジャンプ＋ではインディーズ連載枠を設けることで、作家に自由に連載してもらえるようにしました。こうして、出版社側として新人作家の発掘がしやすく、ヒット作を生み出しやすい土壌を整えたのです。

アマゾンが登場した当初、出版業界では「アマゾンに売上を奪われる」と危惧されていましたが、「アマゾンで販売すると売れる」ことがわかると、どの出版社もしだいにアマゾンで販売するようになりました。そして今、「ネットで本を買う」「電子書籍で読む」というアマゾンが作り上げた土壌をうまく利用し、出版社は自分たちで「デジタル化」という努力を重ね、売上を伸ばすことに成功しているのです。

この一連の流れを見ると、どれだけアマゾンに販売力があったとしても、結局一番強いのは良いコンテンツを生み出している出版社側なのだということがわかります。優良なコンテンツという強い武器を持った出版社が、デジタルの波にきちんと乗って、自分たちの努力によってデジタル化を成功させたから、会社の売上、ひいては業界の売上の伸びにつながったのです。

これは出版社だけの話ではありません。商品を販売するすべての企業に同様のことがいえます。**どんな時代においても、良い商品を持っていることが一番強い。**それは変わりません。

しかし、デジタル領域に力を入れなかったり、「販売」の部分をいつまでもアマゾンなどの既存のプラットフォームに頼っていては、今後の大きな成長は見込めないでしょう。**自分たちの最大の武器である「商品」に、デジタルをうまく掛け合わせることで、売上がぐんと伸びるのが今の時代なのです。**

ナイキにみるアマゾンに頼らない戦略

アマゾンの台頭により「アマゾンで販売すると売れる」とわかったのは、もちろん書籍に限った話ではありません。あらゆるメーカーがアマゾンに商品を卸すようになりました。

しかし、出版社が自力でデジタル化を推し進めたように、アマゾンから戦略的に撤退している企業が出てきています。

その一つが、スポーツウェアのナイキです。

ナイキは、２０１７年に一度アマゾンに出店したのですが、わずか二年で撤退しています。また、２０２０年ごろから小売店との取引を続々と取りやめるという決断を下してきました。

ネットで買い物をすることが増えたとはいえ、靴というのは一度試着してから買いたい人が多く、今でも店舗のほうがよく売れる商品の一つです。それにもかかわらず、自ら「自分たちの商品の売り場を減らす」行動をとってきたのです。

それは一体なぜなのか。ここからは、白土孝《しらつちたかし》著『ナイキ　最強のＤＸ戦略』を参考にお話ししていきましょう。

ナイキは２０１７年６月、事業戦略としてＣＤＯ（Consumer Direct Offense＝消費者直接攻撃）を発表しました。当時のＣＥＯマーク・パーカーは、**デジタル変革を進めることで、世界の主要都市において消費者と一対一のつながりを深めることが、次の成長の柱になる**と考えたのです。

この戦略では、アマゾンに出店することはナイキにとってデメリットのほうが大きいと判断されました。そして、たった二年でアマゾンからの撤退を決めたのです。

デメリットには、アマゾンがマーケットプレイス上に氾濫する偽物や並行輸入品を排除できないことや、アマゾンでのプレミアムなブランドプレゼンスが発揮できないことなどがあげられます。

しかし最も重要なことは、**アマゾンに頼っていては、「消費者とより直接的で緊密な関係を築くこと」ができない**という点です。特に、自社メンバーシップを軸とした消費者との関係構築にはつながりません。アマゾンで購入する人が、ナイキのアプリやオンラインストアに登録しているメンバーとは限らないからです。

そうはいっても、世界中にいるアマゾンユーザーを切り捨てるのはもったいないと感じるかもしれません。しかし驚くべきことに、ナイキのアプリ会員数は近年アマゾンのロイヤルカスタマーであるアマゾンプライム会員数を上回っています。ナイキにとって、コントロール不能なアマゾンはもはや必要ではなくなったということです。

ナイキは２０２０年、ＥＣやデジタルテクノロジーに明るいジョン・ドナホーをＣＥＯに迎え入れます。ＣＤＯの次のフェーズとしてＣＤＡ（Consumer Direct

ナイキとアマゾンの会員数の比較

	ナイキ	アマゾン
２０１９年	１億８５００万人	１億５０００万人
２０２０年	２億５５００万人	２億人
２０２１年	３億人	―

※ナイキは５月決算、アマゾンは12月決算のため、年度単純比較はできない。

（出典）白土 孝，『ナイキ 最強のＤＸ戦略』，祥伝社，2022.04.28

Acceleration ＝消費者直接加速）を掲げました。これは、デジタルをナイキの成長を促進させる一手段として捉えるのではなく、デジタルそのものをビジネスの中心に置き、ナイキを「デジタル中心の会社」に変革することを企図しています。

これを踏まえると、十分にデジタル投資できないような小売店はナイキのビジョンに合いません。そこでナイキは、取引する小売店を「デジタル販売への先進的な対応ができる戦略的小売パートナー」に厳選。そして、2021年5月期までに、自社とパートナー合算のデジタル売上比率を、ナイキの売上全体の30％を占めるまでに成長させ、近い将来には50％まで高めるという目標を掲げました。

ちなみに、戦略的小売パートナーには、デジタルに投資できない小売店だけでなく、価格を乱すディスカウント店やオフプライスストアなども当然含まれていません。ナイキメンバーシップの増大と、卸売り先の大胆な縮小によって、ナイキは価格決定権を小売から奪い、市場をコントロールすることを目指したのです。

ナイキの直営店、アプリ、戦略的小売パートナーでの販売に絞ることで、実際ナイキのＡＳＰ（平均販売価格）は一貫して上昇しており、定価販売が着実に増加しています。

日立にみるトップダウンの重要性

そうはいっても、うちにはナイキのようにテクノロジーに強いCEOなんていないし、外部から引き抜くのだって簡単じゃない、と思われるかもしれません。しかし、会社のトップが決断し、変わらない限りデジタル化・EC化は進みません。

ここ数十年、人件費を削って利益を上げることを求められてきた企業では、すでにリソースに余裕がない状態です。そのため、働く人たちの心の奥には、不満があっても「我慢すればいい」「何かを変える必要はない」「リスクを取りたくない」といったネガティブな感情が、常に薄っすらと存在しているのを感じます。そのような状況では、既存事業以外の新しいことに挑戦するチャレンジ精神はなかなか育たないでしょう。

つまり、ボトムアップでの企業改革は期待できません。こういうときこそ、トップの強いリーダーシップが必要になります。「既存業務で手一杯」「新規プロジェクトに人員を割く余裕がない」「予算がない」といった課題は、現場だけではどうすることもできません。**経営者がデジタル化・EC化に対して予算と人材のリソースを割く覚悟を持って、最後まで進める必要がある**のです。

先ほどのナイキの例は、日本の文化とは異なる外資の企業だから、あのような思い切った改革が実行できるのだと思う人もいるかもしれません。しかし、そんなことはありません。

日本においても、トップダウンで社内の変革に踏み切っていった企業はあります。その一つが日立製作所です。

日立といえば、2009年に7873億円もの巨額の最終赤字に陥り、「沈む巨艦」

ともいわれました。しかし、そこから抜本的な経営改革・構造改革を断行して業績を回復してきました。

日立の改革の凄さの一つに、**巨額買収をくり返しながら、数多くの子会社・事業を売却している**ことがあげられます。

買収の代表例には、次のような事業があります。いずれも買収額2000億円～最大1兆円の巨額な買収です。

・ABBの電力網事業（7500億円）
・日立ハイテク（5300億円）
・グローバルロジック（1兆円）
・タレスの鉄道信号事業（2150億円）

一方で、十年間で十件以上の大型売却を決断。代表例は次のとおりです。

・クラリオン（カーナビ）
・日立マクセル（記録メディア）
・日立化成（化学）
・日立金属（磁石、電線）
・日立建機（建設機械）

売却というと、その事業や子会社が赤字になり、やむを得ず切り離すに至るのが一般的です。もしくは、今は黒字だけれどキャッシュが必要な状況になり、落ち目の事業を切り離すという場合もあるでしょう。いずれにせよ、うまくいっていない事業や傍流の事業などを手放すイメージが強くあります。

しかし、日立は違います。先にあげた大型売却の例は、赤字や傍流の事業ではなく、どれも黒字で優良な事業や子会社ばかりなのです。

そんな事業や子会社を売却するなんて、元役員などのＯＢから大反対を食らってもおかしくありません。普通は批判がこわくて、会社のトップといえども、このような大胆な決断はなかなかできないものでしょう。

しかし日立は、自分たちが目指していく方向性と、（売却する）事業や子会社の成長を考えて、日立から切り離したほうがいいと判断して決めていきました。

つまり、**売却の判断基準は赤字か黒字かではなく、日立の現在の方向性にマッチしているかどうか**なのです。

無慈悲に切り捨てているのとは違います。あくまで、この子会社は今後こうやって成長すべきなので、このタイミングで売却し、別の会社をパートナーにするのがいい、という考え方をしているのです。**売却をマイナスの出来事とは捉えていない**日立の価値観が前提にあるのがわかります。

東原敏昭《ひがしはらとしあき》元ＣＥＯは、「子会社や事業が世界で戦って成長できることが、従業員の雇用確保にもつながる」と言っています。実際、日立から離れることで成長するケースも多かったようです。

日本のビジネスでは、とにかく売上を伸ばすことを良しとする「売上至上主義」が蔓延《まんえん》しています。企業が生き延びていくために本当に必要なのは「利益」なのですが、日本ではとかく売上が重視されがちです。そのため、多くの経営者はたくさん仕事を取って、売上を上げて、会社の規模を大きくすることを目指しているのです。

日立建機と日立金属を切り離すことによって、売上高は直近の10兆円から8兆4000億円くらいに減るとみられていますが、東原氏は「売上には全然こだわっていない」と言います。あくまで「日立の現在の方向性にマッチするかどうか」という観点で、マッチしないと判断したら売却の決断を下すのです。

こうした決断にはかなりの勇気が必要なはずです。赤字でもない事業を売却し、それにより会社の売上は減り規模も小さくなります。しかし、皆が納得できるようなかたちで関係者をきちんと説得し、自分たちの会社の目指す方向を軸に大きな決断ができる。これこそ、ボトムアップが期待できないこの時代に求められるリーダーシップではないでしょうか。

ちなみに日立では、ＤＸという言葉もまだなかった２０１６年当時、デジタル技術によって社会インフラを高度化する事業を行っていました。それが、コペンハーゲンの鉄道システムです。

街のイベント開催期間中に、駅のプラットフォームが大混雑するという課題を解決するために、日立が「24時間無人運転」の車両運行システムを導入したのです。駅のプラットフォームにセンサーを設置して乗客数を把握し、乗客が多ければ5分間隔、少ないときは30分間隔運転にするなど自動で調整するというものです。

これが実現できたのは、日立が「ＩＴ」と、鉄道などの社会インフラの運用技術である「ＯＴ（オペレーション・テクノロジー）」と、鉄道のようなハードウェアである「プロダクト」の三つを持っていたからだと、東原氏は言います。ITが得意な会社、プロダクトが強い会社はたくさんあるでしょうが、IT、OT、プロダクトの三つを兼ね備えていたことが、日立の強みになったのです。

今ではDXが当たり前に叫ばれるようになりました。優れた製品やサービスを持つ企業は多くありますが、商品の魅力だけで戦うのは厳しい時代になっています。**商品にデジタルを掛け合わせることで、10年後に勝ち残る次世代のビジネスを築いていかなければならない**のです。

ＥＣは今だからこそ進めやすい

そうはいっても、まだまだデジタル化が進んでいない企業がたくさんあります。デジタル化は今からでも全然遅くありません。むしろ、多くの人々がデジタルに慣れてきた今このタイミングは、企業のデジタル化を進めやすいという大きなメリットがあるのです。どういうことなのか、アマゾンが台頭してきたころと比較しながら見ていきましょう。

パソコンからスマホへ、検索エンジンからアプリへ

一つは、パソコンからスマートフォンへとデバイスが変化したことです。

アマゾンが誕生したころは、パソコンがインターネットを利用する主な手段でした。しかし、2007年にアメリカでiPhoneが誕生してから、スマホの所有率はもの凄い勢いで上がっていきました。

総務省情報通信政策研究所のデータによれば、10代～60代の全世代におけるスマートフォン利用率は、2013年には52・8%だったのが、2022年には97・1%に上っています。

このような急激なスマホの普及に伴い、スマホに特化したサービスを作る会社が出てきました。代表的なのは、フリマアプリの「メルカリ」です。

オークションサイトは１９９５年にアメリカで「eBay」が、１９９９年に日本国内で「Yahoo! オークション」が開始しており、数年で一気に普及しました。手数料が収益の中心である点は、メルカリもこれらのオークションサイトも同様です。

しかし、**メルカリが他と違ったのは「売買がスマホだけで完結し、利用のハードルが低い」ということ**でした。従来のオークションサイトは「パソコンでの利用」が前提となっていましたが、メルカリはサービス当初から「スマホで楽にできる」ことを強くアピールしていたのです。

スマホで商品の写真を撮り、アプリ上で商品説明を簡単に入力するだけで、数分もあれば商品を販売することができます。女性や若年層などスマホしか持っていない（パソコンを持っていない）層もターゲットに取り込むことに成功しました。

設立からわずか三年で２０１６年に初めて黒字化し、２０１７年12月には世界累計1億ダウンロードを突破。このころには、日本初のユニコーン企業としても注目されていました。２０１８年に上場後も続々とサービスを展開していき、商品をコンビニで発送できるようにしたり、決済の代行や、保管から発送までの代行を始めるなど、利用者のニーズに合わせてどんどん進化しています。

このように、スマホの普及によって新たに「アプリ」が大きな力を持ち始めたのです。

スマホアプリの台頭は、アマゾン一強時代に終止符を打つことになりました。1995年にアメリカでアマゾンがサービスを開始し、2000年には日本語サイトがオープン。このころ、アマゾンの主戦場はパソコンでした。

アマゾンは当時、最先端のテクノロジー、徹底的にロジカルを追求した経営手腕、物流への巨額な投資を持って、誰も追いつくことのできないスピード感でサービスを展開し、世界の王者へと一気に上り詰めました。

アマゾン全盛期には、いくら日本企業が足掻いてもアマゾンに太刀打ちすることは、ほぼ不可能でした。わたしは前著『なぜアマゾンは「今日中」にモノが届くのか』で「アマゾンと日本企業は大学生と小学生くらい違う」という表現をしているのですが、それほどまでに当時は土俵が違うと感じていました。

ユーザーが身近に感じるところでいうと、注文した翌日に商品が届くことは、当時アマゾン以外あり得なかったでしょう。また、ＳＥＯの徹底により、ネットで商品名を検索すればほぼ１００％アマゾンのページが一番上に出てきます。企業側も、アマゾンを凌いで検索で一番上に表示されるようにするのは、並大抵の努力ではできませんでした。

しかし時代が進み、ビジネスの主戦場がスマホになったことで、特に後者に関しては状況が変わりました。

スマホはアプリの文化です。アマゾンもスマホではアプリを使っている人が多いと思いますが、アプリにはＳＥＯという概念がありません。検索結果画面での「上か下か」という戦い方ではないのです。

アプリは横並びの世界です。自分の好きなブランドや企業のアプリをダウンロードして画面に並べます。ナイキが好きでよくチェックする人は、アマゾンアプリよりもナイキアプリのほうをタップしやすい位置に配置しているかもしれません。

スマホのアプリ文化により、多くの企業が文字どおり「アマゾンと並べる」ようになりました。アマゾンという巨大プラットフォームに飲み込まれるしかなかった時代が終わり、皆が平等に戦いやすい時代になったのです。

アマゾンのように「明日届く」必要はない

平等に戦えるようになったとはいえ、今でも「早く届ける」に関してはアマゾンを上回るところはないでしょう。アマゾンの倉庫や管理システム、日々のオペレーションが圧倒的に優れているため、追いつくのは難しいかもしれません。

しかし、これが大きなデメリットになるかといえば、そうは思いません。注文からお届けまで二週間もかかるようでしたら問題ですが、今ではヤマト運輸を筆頭に配送業者はとてもスピーディーに配送してくれます。注文の翌日もしくは翌々日に出荷できれば、注文から三～四日内に届けることは可能です。

以前は、アマゾンが翌日に届くことに驚き感動したものですが、よく考えたら「絶対に明日欲しい」モノなんてごくわずかだということに、わたしたち消費者も気づいています。アマゾンによって荷物量が増えたことで、運送業者が悲鳴をあげているニュースが度々話題になりますが、そのときには多くの人々が「無理に翌日配送しなくてもいいのに」「今週中に届けば問題ないのに」と、むしろ同情的になりました。

そもそも、ナイキを好きな人が靴を買うのに「絶対に明日欲しい」ということはあまりないのではないでしょうか。本当にナイキが好きな人は、事前にナイキのプレスリリースで新商品を知り、アプリで細かい仕様やカラーバリエーションなどを見て、お気に入りの一足を見つけてから購入します。

「絶対に明日欲しいから、見た目はイマイチだけど在庫があるこの靴にしよう」といった買い方はしないでしょう。本当にその商品が欲しいという人にとっては、明日届くも三日後に届くも、そこまで大きな差ではないのです。

消費者のネットリテラシーが上がった

アマゾンが誕生したころは、まだ消費者のネットリテラシーが低く、消費者の心理や行動がサービスに追いついていないところがありました。多くの人はネットでモノを買うことに抵抗があり、「本当に届くのだろうか?」「クレジットカードの情報を入力して大丈夫なんだろうか?」と、オンラインショッピング自体に懐疑的だったのです。

特に日本では、決済などのセキュリティ面に慎重な傾向がありました。クレジットカードの情報入力に抵抗感が強かったため、決済方法に「代引き」や「コンビニ支払い」などの選択肢を持たせました。

こうして人々の不安を払拭することで、人々はネットでモノを買うこと自体に慣れ

よく利用する決済手段の過去比較

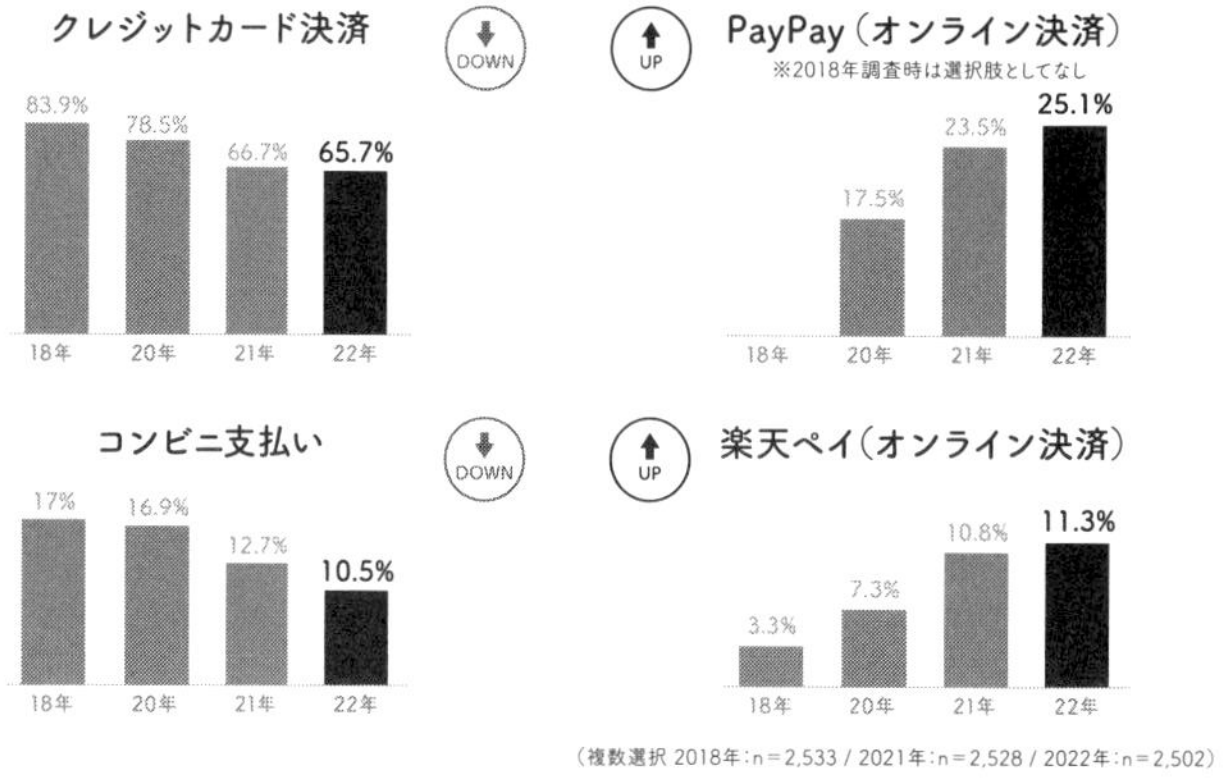

（出典）SB ペイメントサービス株式会社，「【2022 年度版】EC サイトにおける決済手段の利用実態調査結果」

ていき、クレジットカード決済の利用率も上がっていきました。ＳＢペイメントサービスの調査結果によると、２０１８年にはＥＣサイトで商品を購入する人の83・9%がクレジットカード決済を利用するようになっていました。

その後、オンライン決済（ＱＲコード決済やバーコード決済など）が猛スピードで普及。２０２３年に行われた同調査によると、２０１８年の調査時には選択肢としてなかった「PayPay」の割合が２０２２年には25%を超え、

「楽天ペイ」も年々増加し11％以上を占めています。それにより、クレジットカード利用者は65・7％まで減少し、コンビニ支払いも今では10・5％しか利用されていません。

クレジットカード決済はカード番号など入力事項が多いですが、オンライン決済はそれらが不要なので、より手軽に利用できます。しかもクレジットカード決済は、近ごろ不正利用防止の対策が厳重になり、利用時に本人確認のメールが届き追加のパスワードを入力しなければならない、などの手間もあります。オンライン決済のほうが楽なうえに、不正利用のリスクも少なく安全性が高いと考える人が多いのでしょう。

また、人々はアマゾンを通してオンラインショッピングの経験を積みました。それにより、これまでは企業から提供される商品情報のみを見て購入していたのが、購入の前に「他の人のレビューを見る」というステップを踏むようになりました。

今の時代は「レビュー重視」といっても過言ではないでしょう。企業側の売り文句よりも、実際にその商品を使用した第三者の意見のほうが信頼性が高いからです。

また、それと同時に人々は、いわゆる「さくら」の怪しいレビューがあることや、荒らし目的で過度に批判したりする人がいることも学び、レビューを鵜呑みにしてはいけないというネットリテラシーも身につけていきました。

それから、オンラインショッピングが加速するなかで、オンラインで購入したモノを贈りたい相手の住所に直送するという文化も生まれました。以前は、店舗できれいに包装してもらい、それを相手に手渡しするという一連の行為にある種の価値がありましたが、コロナ禍で直接会えない時期があったことも影響してか、今ではその価値観が変化しています。

ネットで購入しても包装は可能ですし、郵送であれば忙しい人でも自分の都合のよい時間に受け取ることができます。また、デジタルギフトなら、商品の購入だけを済ませておき、相手に好きな色や味、香りなどを選んでもらえるという、オンライン注文ならではの付加価値もあります。

ちなみに、オンラインストアの仕様というのは、基本的にどれも同じです。商品をカテゴリから、もしくは直接検索ボックスに入力して検索し、商品紹介ページで写真と説明を見て価格を確認する、レビューを見る、商品の納期と配送料を確認する、配送先を入力し、支払い方法を選択し、購入完了。この流れをすでにわかっている消費者は、初めて登録したオンラインストアだからといって不安感を覚えることもなく、この手順を淡々と踏んでいきます。

つまり、これだけ人々が「ネットでモノを買う」ことに慣れ、デジタルに対するリテラシーが高くなっている今、ＥＣ化を進めるうえでは右記のような当たり前の手順を当たり前に踏めるようなシステムを作れば、それだけで消費者はついてきてくれるのです。

アマゾン台頭期には、アマゾンと互角に戦うには高度なテクノロジーと経営手腕が求められ、それは日本企業には到底無理でしたが、今なら当時のアマゾンのような高度なテクノロジーを持たずしても、アマゾンと渡り合うことができるのです。

テクノロジーの進化によって、人々のデジタルリテラシーが引き上げられ、それが一定のところまできたことで、むしろ企業側に求められるテクノロジーのレベルが下がってきているという、逆転の進化が起きているのです。

これは社内業務のデジタル化においても同様のことがいえます。

一昔前、わたしがアマゾンジャパンにいたころは、取引先に対して「ＦＡＸでのやり取りはやめてウェブで発注するようにしましょう」という提案をすると、「ウェブで発注するってどういうこと？」「ＦＡＸのほうが確実じゃない？」といった疑問から答えていく必要がありました。

ですが、今はもうほとんど誰もが「ウェブで発注する」ことがどういうことかを知っていて、ＦＡＸより効率がよく、人的ミスが減らせるというメリットを理解しています。上層部の人間がインターネットに不慣れな世代であった昔と違い、今では上層部の人間だって当たり前にアマゾンで買い物をし、お店ではPayPayで支払いをしています。

デジタルの利便性を知っている、それにより業務改善されることが想像できる、どう考えてもメリットが大きいことがわかっている、これからの時代はデジタルに対応していかなければ取り残される。こうしたデジタルに対する共通認識を皆が持っていることは、そうでなかった時代に比べて、格段にデジタル化を進めやすいのです。

もちろん頭でわかっているのと実行できるのかは、また別の問題でしょう。実際に社内のデジタル化を推進するとなれば、予算はどうするのか、誰がリーダーシップを取って進めていくのか、デジタルに強い人材をどう確保するのかなど、現実の問題は山ほどあります。これらについては、本書の後半でどのように解決していくべきかを書いているので参考にしていただけたら幸いです。

いずれにしても、今この時代、こうした環境だからこそ、会社のトップである経営陣は強い覚悟と決意を持って、社内のＥＣ化・デジタル化を推し進めるべきです。

COLUMN

D to Cブランドの成功例

本書の「はじめに」で、D to Cメーカーの例として「SHEIN」というファストファッションのブランドを紹介しました。D to Cとは、Direct to Consumer の略で、メーカーが自ら企画、製造した商品を流通や小売を介さずに直接顧客に販売する手法です。アメリカでは2010年ごろから多くのスタートアップ企業が登場し、日本でも2019年ごろからD to Cが注目されるようになりました。

実は、D to Cの動きは、眼鏡、スーツケース、マットレス、スニーカー、化粧品、剃刀など、従来テクノロジーとは縁遠く、革新性とは相容れないような、いわゆる「古い」業界で始まったのです。

DtoCのわかりやすい特徴といえば、流通や小売を介さないことで中間コストを排し、良い商品を低価格で提供できることがあげられます。しかし、DtoCの本質は「中抜き」や「低価格」にあるわけではありません。DtoCで成功しているブランドには次のような特徴があります。

・一貫したブランドの世界観を持ち、商品を売るのではなくライフスタイルを提供する。
・顧客は「お客様」ではなく、一緒にブランドを育てていく仲間・コミュニティである。
・SNSを活用したマーケティングで、顧客と直接コミュニケーションをとる。

DtoCで成功している世界のブランドをいくつか紹介します。

●Warby Parker（ワービーパーカー）

ワービーパーカーは、2010年にアメリカのニューヨークで生まれた眼鏡のブランドです。創業から五年後の2015年には、アメリカのビジネス誌『FAST COMPANY』が発表している「世界で最もイノベーティブな50社」というランキングで、グーグルやアップルを抑えて1位に輝きました。

製造と販売の間にいる中間業者をなくし、社内でデザイナーを抱えて商品設計を行うことで、お洒落でコストパフォーマンスに優れた商品の販売を実現。また、オンラインストアのみでの販売からスタートしたことで、店舗や販売員といった固定費を削減し、一般的な眼鏡の四分の一程度の価格で提供することを可能にしました。

眼鏡という商品は、一見オンライン販売とは相性が悪そうです。しかし、アプリでAR（拡張現実）技術を用いて眼鏡の試着ができたり、自宅に無料で送付される試着期間を設けるなどして、「眼鏡は店頭で試着してから買うもの」という既存の概念を見事に覆しました。

●Away（アウェイ）

アウェイは、アメリカのニューヨークで生まれたスーツケースブランドです。2015年に創業してから二年半で50万点のスーツケースを販売し、2018年には売上約150億円を達成しました。

アウェイのスーツケースには、スマホを充電できる機能や、洗濯物専用の収納袋、収納しやすいスーツケース・イン・スーツケースなどの機能が付いているのが特徴で、生涯補償サービスや購入から100日以内の返品OKといった安心のサービスも付帯しています。

しかしアウェイは、自らを「スーツケースを売る会社」ではなく、「良い旅という体験」を提供する会社だと位置づけています。その証拠に、旅をテーマにした『HERE』という雑誌を自ら発行していたり、ホテルへの投資を行うなどユニークな取り組みを行っています。

『HERE』では、アウェイのスーツケースを掲載するといったカタログ的な機能は一切なく、旅先の美しい写真、エッセイ、インタビューなど、洗練されたビジュアルとともに旅がもたらすライフスタイルを表現しています。

●Casper（キャスパー）

キャスパーは、2014年にアメリカのニューヨークで生まれたマットレスのブランドです。

かつてマットレスを購入するには、百貨店に行き、店員と話をしながら商品を選び、配送料には数百ドルがかかり、後日汚れた段ボールに入れられた巨大なマットレスが自宅に届くというのが一般的でした。

しかしキャスパーは、スプリングをなくすことで持ち運び可能なマットレスを開発。引っ越しの多いミレニアム世代を中心に人気になりました。また、ショールームで商品を見た後にオンラインで購入するというプロセスをとっているため、店員から押し売りされることなく接客してもらえるなど、従来のストレスが多い「マットレスを購入する」という体験を一変させたのです。

マットレスは大きな買い物ですが、100日間無料トライアル、10年保証、使用後のマットレス返品可能などのサービスにより、安心して購入することができます。

アウェイ同様「マットレスを売る会社」ではなく、「良い睡眠を通じて得られるライフスタイル」を提供しており、睡眠、健康、ウェルネスなどをテーマにした雑誌『WOOLY』を発行していたり、シーツ、枕、ライトなど寝具にまつわる商品の販売を手がけています。

● Glossier（グロッシアー）

グロッシアーは、2014年にアメリカのニューヨークで生まれたコスメブランドです。

最も特徴的なのは、顧客との双方向のコミュニケーションを重視しているところです。CEOのエミリー・ワイスは、顧客のことを自分たちの会社の「共創者」であり「共謀者」と表現しています。

SNSやブログへの顧客からのコメントに自ら返信をして、新商品をリリースする際にはブログの読者から意見を貰うなど、顧客を製品開発担当者やマーケティング担当者のように扱ってきました。自分たちのニーズや意見を反映してもらえることは、ブランドへの信頼感や「助けになりたい」という思いを助長し、「自分たちがグロッシアーを支えている」という顧客の自負につながり、熱狂的なファンを生み出すことに成功しました。

CHAPTER

2

ECは現代企業の「必修科目」

BtoC企業は本当にEC化が進んでいるのか

インターネットがインフラとして普及して以降、スマートフォンの登場やコロナ禍を経て、BtoCにおけるEC化は加速しています。

次のグラフは、BtoCにおけるEC市場規模を物販系分野、サービス分野、デジタル分野に分けて表したものです。一見してわかるとおり、EC市場全体の規模は右肩上がりで伸びています。唯一2020年は前年度に比べてやや減少しましたが、これはコロナ禍により、旅行サービスやチケット販売サービスなどが大きく落ち込んだためと考えられます。

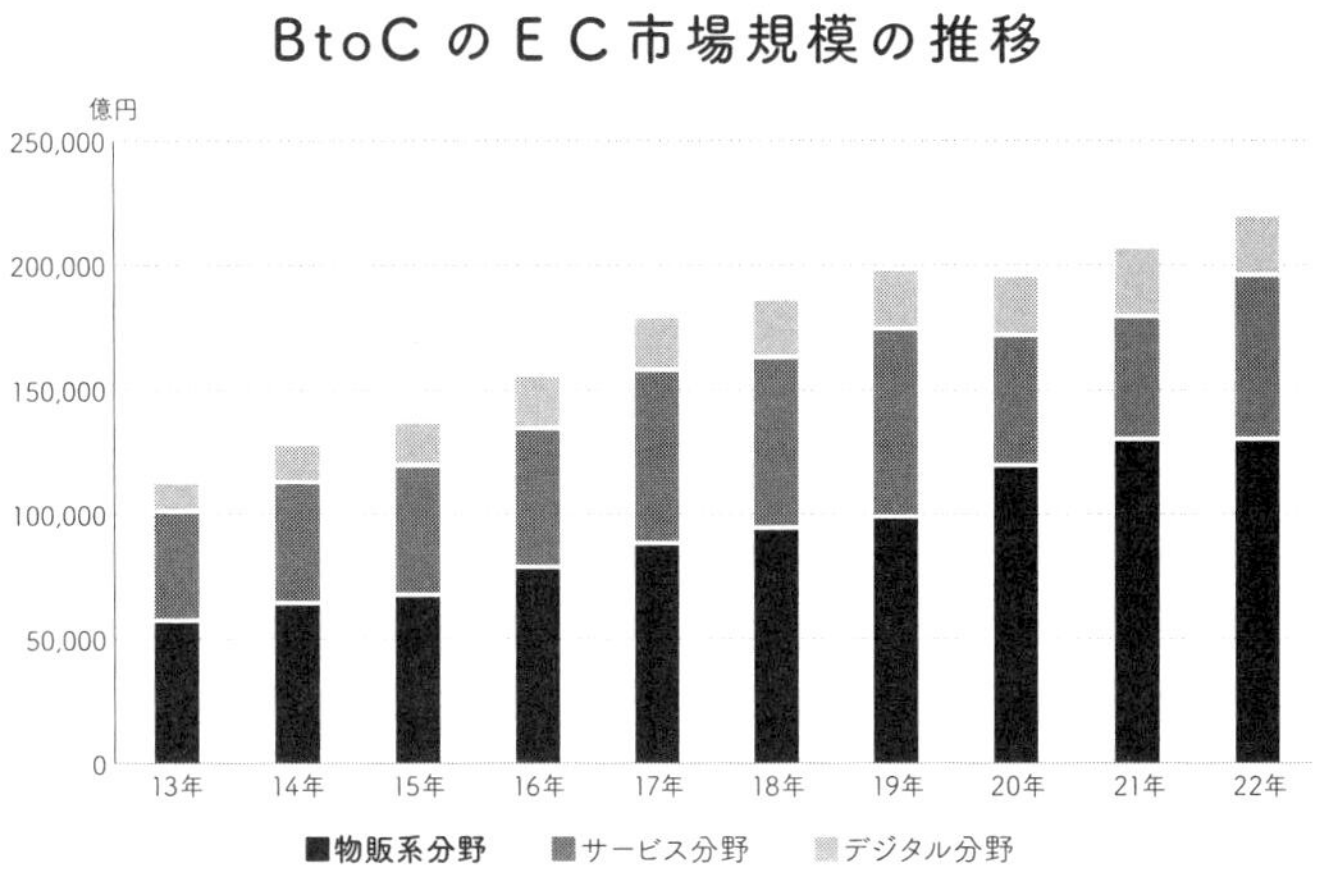

（出典）経済産業省，「令和４年度デジタル取引環境整備事業（電子商取引に関する市場調査）」

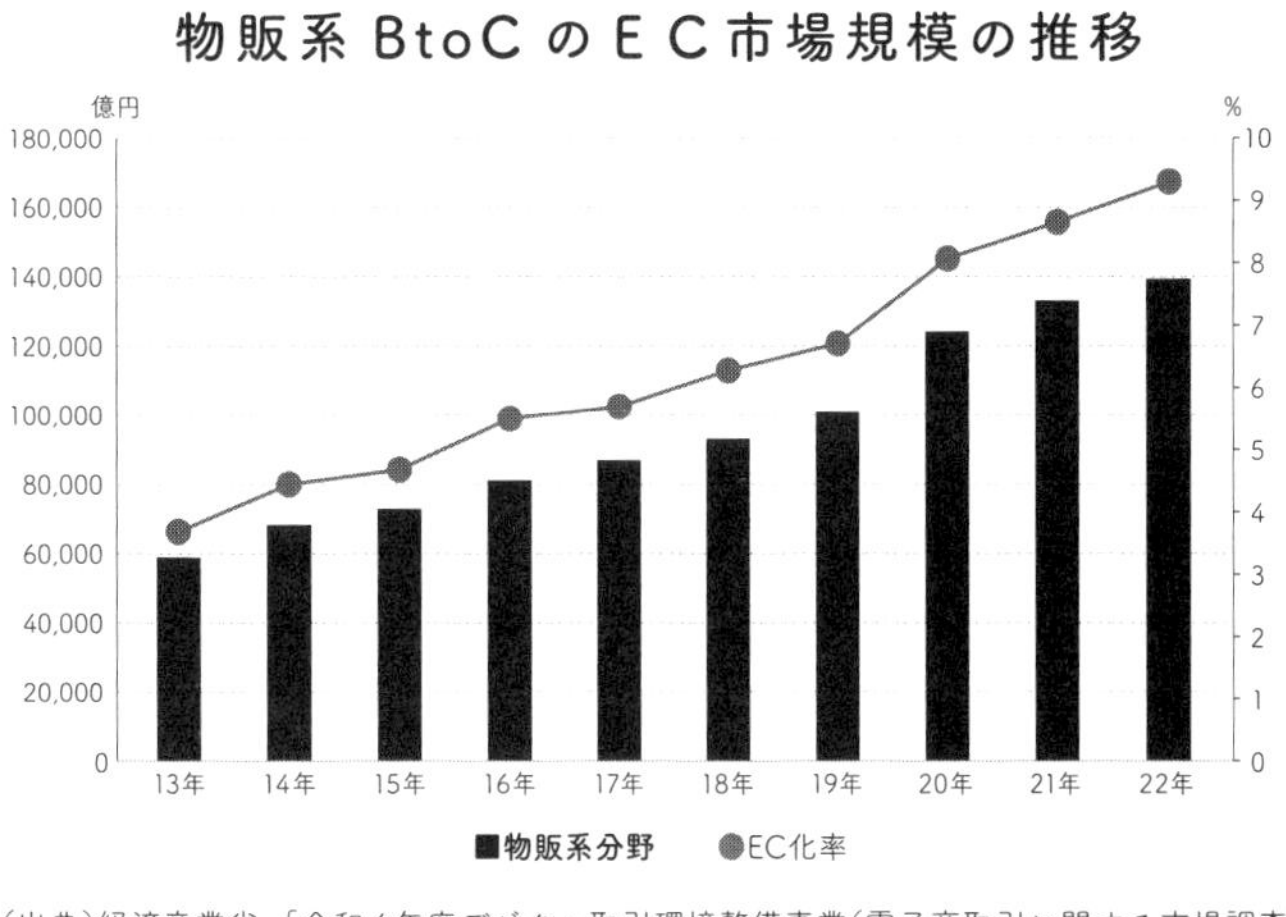

（出典）経済産業省，「令和４年度デジタル取引環境整備事業（電子商取引に関する市場調査）」

一方で、サービス分野の減少が著しかったわりにEC市場全体への影響が少なかったのは、物販系分野の伸びが目覚ましかったからです。物販系分野のEC市場規模は、2020年は12兆2333億円と、前年比で20％以上も伸びました。BtoCにおけるECは、コロナ禍で大きく成長したといえるでしょう。

その後も、2022年には市場規模13兆9997億円、EC化率9・13％に到達し、物販系分野におけるEC市場は着実に伸びています。

ECの売上の伸びが顕著なのは、主に次の二つのパターンに分けられるのではないでしょうか。

①リアル店舗を持っている小売業者が、オンラインサイトに注力するようになった

②メーカーが、アマゾンや楽天などの大手ECプラットフォームに出店するようになった

①に関しては、メーカーではなく小売業者の努力の話です。少し厳しい言い方になりますが、この時代において小売業者がオンラインサイトを持っているのは当たり前です。ECサイトを持っている小売業者は2020年より前から多く存在し、コロナ禍でECにより注力するという戦略に至ったのは必然といえるでしょう。

②に関しては、メーカーが新たな販売チャネルを開拓したという点では評価できます。コロナ禍を契機に自分たちのビジネスモデルを見直し、変革に向けて舵を切ったのだと思います。コロナ禍で大手ECプラットフォーム利用者数が全体的に底上げされたことを踏まえると、そこに参入したのは一つの正解だったと思います。経済産業省の資料によれば、2020年の物販系分野のEC市場規模のうち、大手ECプラットフォームが占める比率は前年から5ポイントほど上昇し、約70%を占めたのです。

しかし、「既存のECサイトに出店する」というのは、BtoCにおいてはECの最初の一歩にすぎません。

コロナ禍が収束し、人々の購買行動が再び変化している今、**企業は自社のECサイトを持つことの重要性を再認識するべき**だと思います。特に、「そのブランドが好き」という人たちは、会員制度や専用アプリを通して商品を直接購入する傾向があります。このような状況下において、自社サイトを持たず、第三者のECプラットフォームにのみ依存する企業は、消費者からの評価を低下させるリスクさえあります。

こうした理由から、「B to Cは全体的にEC化が進んでいる」と安心するのは良くありません。**B to C企業は、次のステップとして、顧客に直接販売するための自社ECサイトの構築に取り組む必要があるのです。**

なぜ顧客とダイレクトにつながるとよいのか

自社ECサイトを持つことの最大の利点として、「顧客とダイレクトにつながることができる」ということがあげられます。これは、１章で紹介したナイキの例がわかりやすいので、既出の内容もありますが、改めてお話しさせてください。

ナイキは、これまでの小売店との関係を見直し、自社のオンラインストア、直営店、そしてデジタル販売への先進的な対応ができる戦略的小売パートナーを主軸とした販売に切り替えました。

小売店を介さないということは、当然ながら中間マージンや諸経費などのコストをカットすることができます。しかし、それ以上に、**自分たちがダイレクトに消費者と関われる仕組みを作ることは、自分たちでビジネスの舵を取りやすくすること**につながります。

特に、**顧客情報を直接入手できること**は大きいでしょう。小売店に卸している状態では、どんな人がどの靴が好きで、どのくらいの頻度でナイキで靴を買っているのか、といった情報は手に入りません。どこにロイヤルカスタマーがいるのかも見えません。そのため、売上を上げるには「とにかくたくさん売る」しかなく、価格競争に巻き込まれていくのです。小売店側の都合でセール価格で販売されることも頻繁にあります。

しかも、価格競争の末に購入してくれるのは「靴のブランドにはこだわりがなく、ちょっとかっこよくて安いのがいい」という人たちです。彼らは、ナイキというブランドに愛着があるわけではないので、次回も購入してくれる可能性は低いでしょう。その時々で「ちょっとかっこよくて安い靴」を買っていくからです。

しかし、自社のオンラインストアや直営店からの購入であれば、こうした顧客データを自分たちで蓄積することができるので、それをうまくマーケティングにつなげてロイヤルカスタマーを作り出すことができます。ロイヤルカスタマーは「ナイキが好き。ナイキの靴がいい」人たちですから、定価でも商品を買ってくれますし、くり返し購入してくれます。ロイヤルカスタマーに確実にリーチするほうが効率よく売上を伸ばすことができるのです。

自分たちがダイレクトに顧客とつながり、自分たちのビジネスをコントロールしやすい状況を作ることは、変化の多い時代において優位であることは間違いありません。コロナ禍はわかりやすい例でしょう。誰もが予期していなかった新型コロナウイルス蔓延により、世界中が混乱を極めました。ステイホームが叫ばれ、多くの小売店や飲食店、旅行代理店やホテルなど、リアル店舗やサービス業が大きな打撃を受けたことは、まだ記憶に新しいと思います。

自分たちのビジネスにおいて「販売」の部分を完全に小売店頼りにしていた企業は、

小売店に卸した場合、ダイレクトに販売した場合

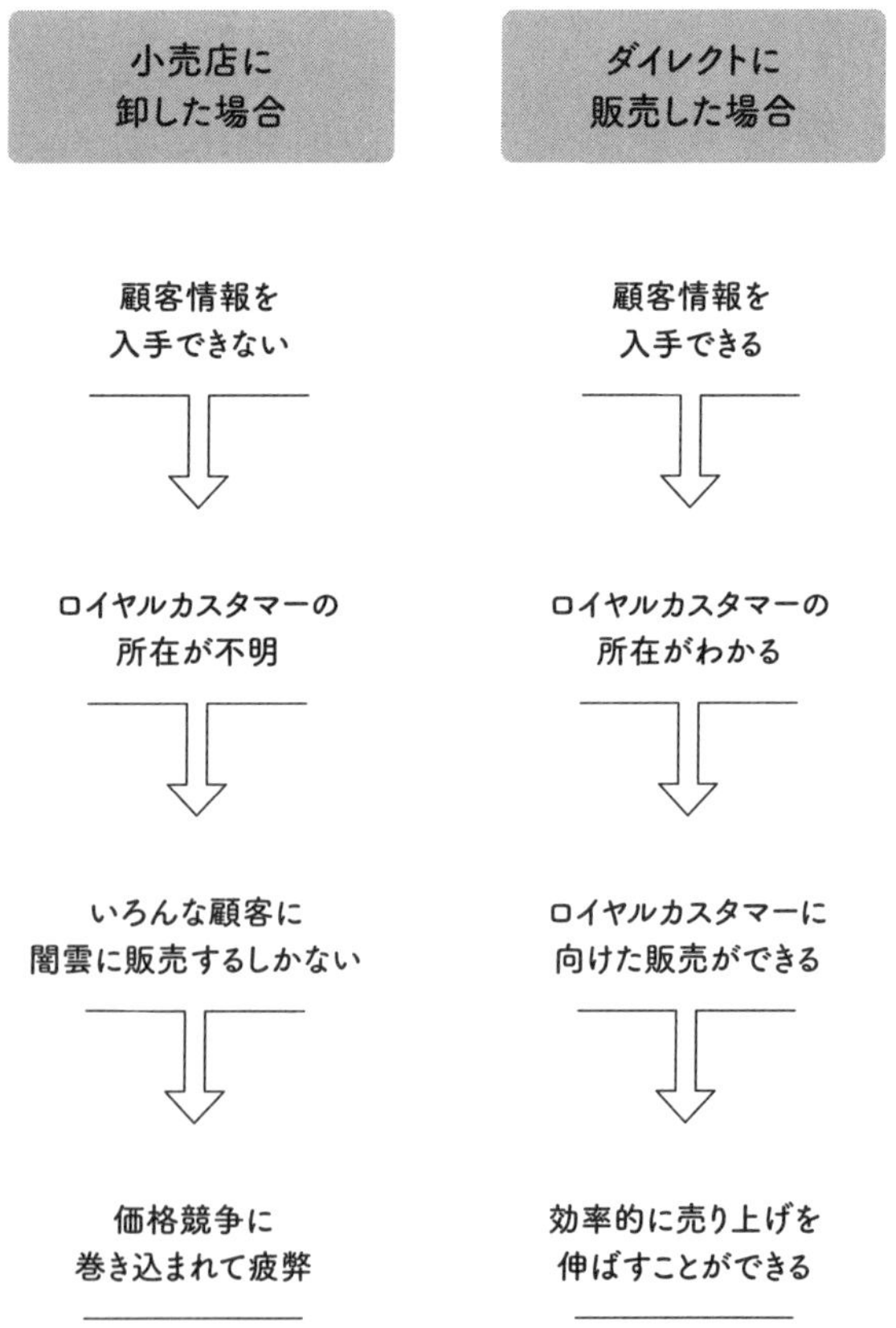

小売店に卸した場合
ダイレクトに販売した場合
顧客情報を入手できない
顧客情報を入手できる
ロイヤルカスタマーの所在が不明
ロイヤルカスタマーの所在がわかる
いろんな顧客に闇雲に販売するしかない
ロイヤルカスタマーに向けた販売ができる
価格競争に巻き込まれて疲弊
効率的に売り上げを伸ばすことができる

同様に売上低下というダメージを受けました。一方、ナイキはコロナ禍という窮地を逆手に取り、アプリを充実させることで、スマートフォンを通して家の中で過ごす消費者とのつながりを強固にしました。

商品を販売するEC用のアプリだけでなく、トレーニングクラスやコーチング、栄養指導など、トレーニングのコンテンツを無償で提供するアプリをリリース。「屋内でプレイし、世界へ向けてプレイしてください」というメッセージを添えてSNSで発信すると、世界中の有名アスリートや一般の人たちによって瞬く間に拡散され、膨大なアプリダウンロード数とナイキ会員の増大を実現し、売上を伸ばしていったのです。

経済的な影響を及ぼす出来事がいつ、どのようにして起こるのかを予測することは困難です。地球規模で考えると、近年の地球温暖化や異常気象などがわたしたちの生活に大きな変化をもたらす可能性がありますし、災害大国の日本においては、大地震や水害によって大きな損害を被るリスクは常に考えておくべきでしょう。

どんなビジネスも、こうした環境の変化に影響を受けることは避けられませんが、重要なのは、それらを最小限にとどめ、苦境のなかでもビジネスの存続と発展のための新しいやり方を模索することです。そのためにも、自分たちのビジネスの主導権を握っていることは大切なのです。

BtoBにおけるECの現状

ここからはBtoB企業のECについてお話ししていきます。BtoB企業のECと聞いても、いまいち何のことかわからないという人も多いかもしれませんが、まずは経済産業省のデータを見てみましょう。

BtoBにおけるEC市場規模は、コロナ禍の2020年に一度下がりましたが、それ以外は着実に増加しています。2022年の市場規模は420兆2354億円で、同年のBtoCのEC市場規模が22兆7449億円なのと比較すると（63ページのグラフ参照）、約18・5倍。実はBtoBのほうがEC市場規模が大きいことがわかります。ちなみに、EC化率は37・5％で、実に4割近い商取引がEC化されています。

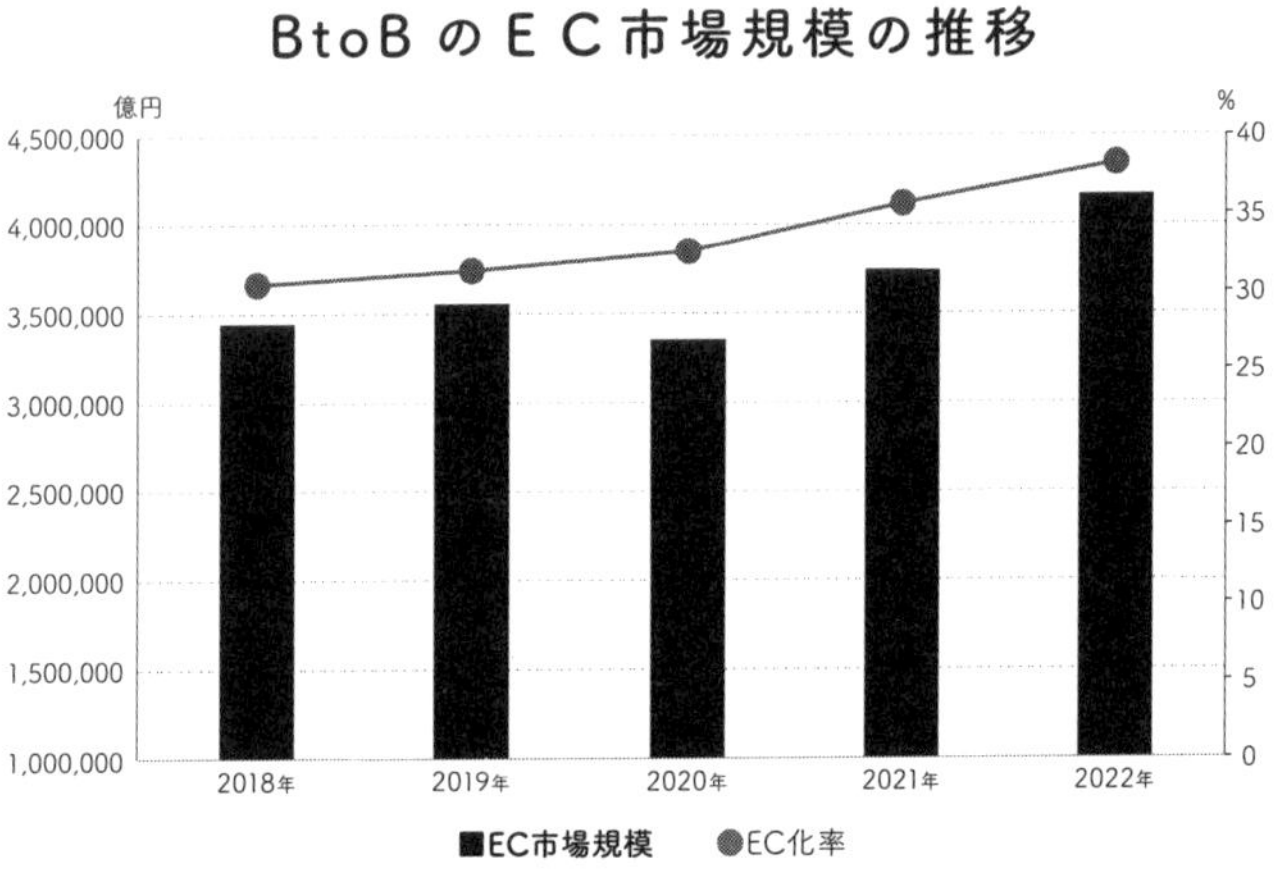

（出典）経済産業省，「令和４年度デジタル取引環境整備事業（電子商取引に関する市場調査）」

これほどまでに大きな市場規模を持っているにもかかわらず、ＢtoＢのＥＣと聞いてもピンとこない人が多いのはなぜでしょうか。それは、**日本のＢtoＢのＥＣのほとんどがＥＤＩ（Electronic Data Interchange＝電子データ交換）取引のことを指しているから**です。

ＥＤＩ取引とは、商取引における発注書・納品書・請求書などの書類を電子化し、データでやり取りをする取引のことです。紙ベースで書類を作成し、電話、ＦＡＸ、郵送などでやり取りをする場合、手作業でデータ入力をするため誤入力も多く非効率です。そこで、１９７０年代になると、企業間でデータをやり取りできるＥＤＩが開発されました。

ＥＤＩのシステムは、目に見えないところで自動でデータがやり取りされているようなものです。たとえばネジなどの部品は、色や形がそれぞれ型番で管理され、独自のシステムで「型番７３３１１Ａ、５００円を３ピース」といった情報を入力して受発注が行われます。

わたしたちが「ＥＣ」と聞いてパッと思い浮かべるもの――商品画像や商品説明の載ったビジュアル的なページがあり、クレジットカードをはじめオンラインで決済ができる――とは、かなり実態が異なります。しかし、「商取引が電子化している」という観点から、経済産業省は便宜上、ＥＤＩをＥＣと定義しているのです。

ＥＣとＥＤＩが性質上まったく異なるのは、**ECは顧客に販売することを目的とし、EDIは企業の受発注・物流・会計業務の仕組みを効率化することを目的としている**

ところです。

ＥＣサイトでは顧客にアピールするため、商品の写真イメージ、商品名、商品の特徴や魅力を伝える商品説明文などを載せるのが一般的ですが、ＥＤＩにはこうした「売るためのデータ」は不要です。

たとえば、物流システムでは型番と個数がわかればよく、会計システムではそれらに加えて金額がわかれば十分です。いずれも、商品名や商品の写真イメージなどなくても何の問題もありません。

日本では、イオンやトヨタ自動車などの大企業が個別にＥＤＩを導入したのが始まりです。イオンもトヨタも、商品や部品を仕入れる取引先が多く、日々の受発注・物流・会計業務を一つ一つ手作業で行うのはたいへん手間になります。そこで、自社でルールを決めてデータで受発注をしようと試み、個別ＥＤＩが生まれたのです。

「個別」というのは、各企業が自分たちの会社のルールに合わせてＥＤＩのシステムを作っている、ということです。そのため、たとえばイオンの取引先である食品メー

一般的なECとEDIの違い

	一般的なEC	EDI
写真イメージ	商品のイメージを持ってもらいやすくするため、できるだけ多く載せる	不　要
商品名	どんな商品かわかりやすく、キャッチーな商品名をつける	素材・色の名前や型番名を使用
商品説明文	顧客に欲しいと思わせる商品の特徴や魅力をアピールする	商品の仕様に関わる説明のみ
⇓	顧客に販売するのが目的	業務効率化が目的
	顧客に「買いたい」と思わせる情報が豊富	販促を意識した情報は一切なし

カーは、イオンと取引を継続するために、イオンの個別ＥＤＩに合わせてデータの変換作業をする必要があります。

買い手側である大企業（イオン）が主導権を握っているため、売り手側（食品メーカー）は取引先企業が複数ある場合、それぞれの相手に合わせて対応しなければならず、大きな負担があります。また、個別ＥＤＩは、それぞれの企業の商慣習に基づいた開発が行われるため汎用性に乏しいといった課題もありました。

個別ＥＤＩが抱えたこれらの課題に対しては、１９８０年代に入ると各業界ごとにＥＤＩの標準化に向けた動きが活発化し、その後ＥＤＩはどんどん進化をしていくことになります。ただ、その変遷についての説明は、ここでは割愛させていただきます。

さて、ここまでの内容を踏まえると、ＢtoＢにおけるＥＣ市場規模が大きいのも、ＥＣ化率が４割近いのも、大企業を中心にＥＤＩを導入しているからだということがわかります。

それゆえ、金額ベースではＥＣ市場規模が大きくなるのですが、「ＥＤＩをはじめとしたデジタルでの取引を日常的に行っている企業の数がどれだけあるか」となると、やはり一部の業界や大手企業に限られているのが実態です。中小企業の多くは（業界によっては大手企業でさえ）、今でもFAX、電話、メールを使って受発注対応を行い、デジタル化とは縁遠い業務をくり返しています。

では、どうすれば「デジタルで取引を行う企業の数」を増やすことができるのか。そう考えたとき、**比較的低コストで簡単に導入しやすいのがECやWebEDIです。**

WebEDIは、簡単にいうと「BtoBのための受発注用EC」のようなものです。その仕組みは一般的なECサイトに近く、インターネットにアクセスする環境さえあれば、ウェブブラウザからアマゾンの専用画面にログインが可能です。そして、画面上で「アマゾンから○○の商品△個の注文が入っている」というメッセージを確認することができ、それに対して受注処理を行います。

先述のとおり、EDIはコンピュータ同士が自動で電子データをやり取りするものです。しかし、WebEDIは管理画面を通して、人間が一つ一つ注文を確認して対応します。普通のECサイトを使用するように直感的に操作できるのです。

ちなみに、中小企業がEDIを導入するのは、あまり適切ではありません。先ほど例に出したイオンやトヨタ自動車のように、**EDIが向いているのは「①取引件数・取引金額が多い」かつ「②定型品の取り扱いが多い」**企業です。

①に関しては、せっかく金額と日数を費やしてシステム開発をしても、取引件数や取引金額が多くなければ割に合いません。②の「定型品」とは、規格が決まっている製品のことです。イオンが取引をするような食品、衣類、雑貨などは、完成された製品が先に存在し、そのラインナップから発注します。「この商品をいくつ注文」というように、発注作業がシンプルなのでEDIで効率化するのに向いているのです。

しかし、BtoBの場合は「非定型品」を扱っている企業も多いでしょう。顧客の状況や要望を聞いて見積りを用意してから、製品の製作やサービスの提供を開始するというパターンです。この場合は、顧客とのやり取りが発生するため、ただ「欲しい製品の型番を入力して発注する」というEDIの仕組みには不向きなのです。

つまり、今後BtoB企業の多くがデジタル化を進めるにあたっては、EDIではなくECやWebEDIを導入するのが最適なのです。

ECによる業務効率化で人手不足に対応する

では、そもそもなぜデジタル化がそこまで必要なのでしょうか。

まず一つは、**業務における人的ミスや属人化のリスクを減らし、業務効率化を図るため**です。当然ながら、人的作業が多ければ多いほどミスは発生しやすくなります。

たとえば、受発注作業一つとってみても、次のような手作業での処理は多いのではないでしょうか。

●A社からB社に注文が入る場合

A社からB社にFAXで注文書が届く

↓

B社の営業事務の担当者が、届いた書類を指定のトレイに置く

↓

トレイに置いた書類を一枚ずつ確認し、会社のコンピュータ端末から一つ一つ手入力し、基幹システムで受注処理をする

↓

受注書を発行し「処理済み」というはんこを押し、FAXでA社に送信する

↓

FAXがきちんと送信されているか確認し、もし送信されていなければ再送する

↓

すべての作業が終わったら、書類をファイリングする

特に、注文書の内容をコンピュータ端末から社内システムに転記する際、入力ミスを起こすケースがよく見られます。さらに、取引先ごとに書類のフォーマットが異なっていたり、書類の送信方法を変える必要があったりと、作業は煩雑化を極めています。

世の中では企業のＤＸ推進が話題になっているので、そんな前近代的な企業があるなんてと思うかもしれませんが、このような昔ながらのやり方で受発注業務を行っている会社はいまだ無数にあります。つい最近訪問した大手企業でも、営業事務の担当者が商品の受発注業務を手作業で行っていました。

こうした現状に対して、現場で業務にあたっている人たちはどのように感じているのでしょうか。わたしが想像するには、手作業が多くて面倒だったり、人的ミスが発生しやすいのが悩みだったり、「今どきＦＡＸで受発注対応をしているなんて、うちの会社は古い体質だ」と思っていたりするものの、今までのやり方でも業務はなんとか回っているので、業務改善が喫緊の課題だとまでは思っていない――。この感覚は、おおかた合っているのではないでしょうか。

しかし、日本の人口減少による人手不足はかなり深刻な問題になっています。現場は「今なんとか回っているから大丈夫」という感覚かもしれませんが、経営者がこれと同じ感覚でいては困ります。

パーソル総合研究所の「労働市場の未来推計２０３０」によると、２０３０年には、７０７３万人の労働需要に対し、６４２９万人の労働供給しか見込めず、「６４４万人の人手不足」になると予測されています。

もちろん業種によって程度に差はありますから、現在は人手不足が著しい業種がある一方で、人材の余剰が発生している業種もあります。しかし、２０１７年には１２１万人だった人手不足数は、かなりのスピードで急増することが予測されています。このスピードで増え続けることを考えたら、「人手が足りないのに採用できない」という課題は、どの業種にも共通してやってくるのではないでしょうか。

人手不足数の推移

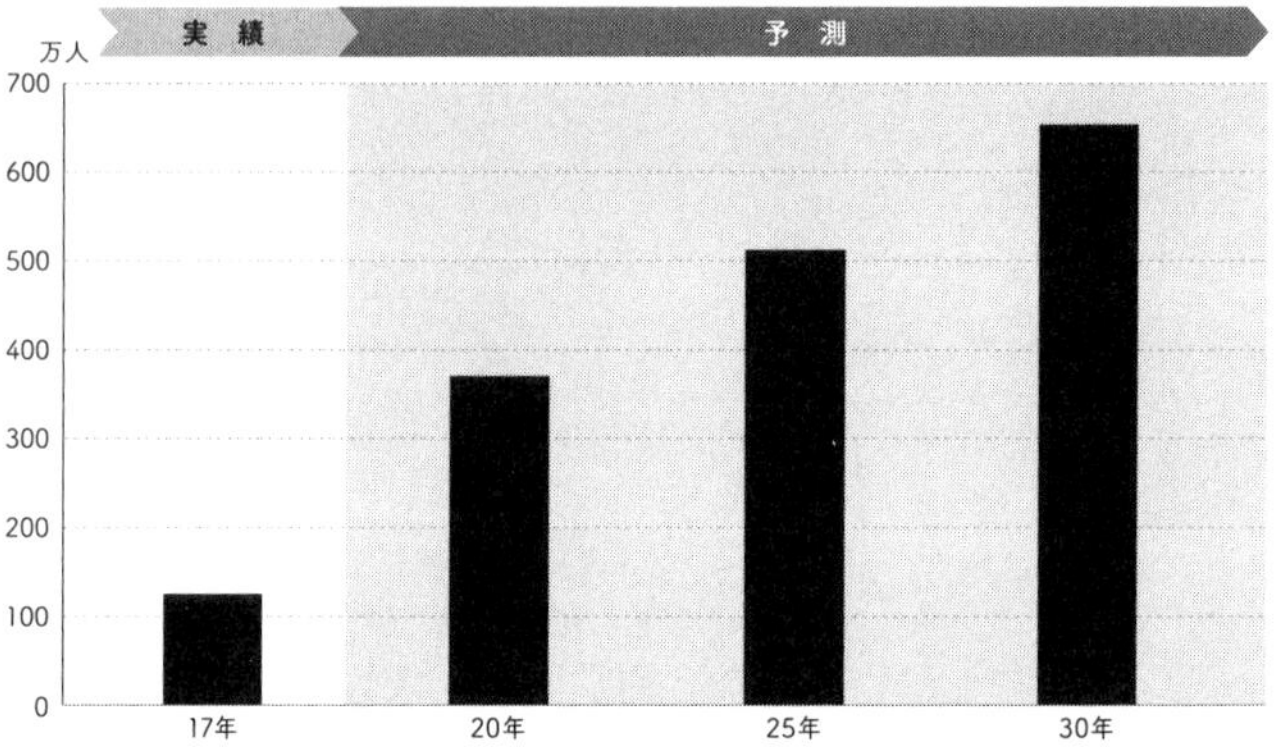

（出典）パーソル総合研究所，「労働市場の未来推計 2030」

人手不足を解消するためには、労働供給を増やすか労働需要を減らすしかありません。労働供給を増やすには働く女性、シニア、外国人を増やす策が考えられ、労働需要を減らすには生産性向上が不可欠となります。パーソル総合研究所は、それぞれの方向性でどれくらいの人手不足解消が見込まれるかを試算しました。

その結果、女性、シニア、外国人の雇用を増やすことで346万人分の人手不足を解消することができるものの、残る298万人分を解消するには生産性を上げて労働需要を減らすしかないことがわかったのです。

ちなみに、2030年の労働需要7073万人に対し、298万人分の労働需要を削減したい場合、単純計算でも生産性を最低4％向上させなければいけないことになります。そして、生産性を上げるためにはいろいろな施策が考えられますが、やはりデジタル化や自動化が必要不可欠なテーマであることは自明の理でしょう。

OECDが2016年に発表した推計結果によれば、自動化できる可能性が70％以上ある仕事に就く労働者の割合は、日本で7％に上るそうです。つまり、2030年までに自動化が十分に進めば、70％（自動化可能な仕事）×7％（その仕事に就く労働者）で、最低でも4・9％の工数が削減できるので、298万人分の労働需要はカバーできると予測されます。デジタル化によって業務を自動化することは、労働需要削減のための策としておおいに進展が期待されているのです。

また、**デジタル化を進めることは、優秀な人材を雇用するためにも必要**なことです。

コロナ禍により「テレワーク」という働き方が一つのスタンダードとなった今、「テレワークができない会社は論外」と考える学生が増えています。

中途採用であっても、これだけデジタル化が進んでいる世の中で、わざわざ非効率的な業務体制を敷いている企業に入りたいと思う人はいないでしょう。優秀な人材であれば尚更です。

「人手不足」は日本全体の大きな課題であり、すべての企業に影響を及ぼす問題。これに一企業が対応できる確実な方法が、デジタルによる業務の自動化であり、ECやWebEDIを導入することです。EC化により業務の効率がどのように上がるのかについては、4章で企業の事例をもとに説明していきます。

ECによる新規顧客獲得が必要なわけ

BtoB企業がECを導入すべき理由は、業務効率化だけではありません。**自社ECサイトを持つことで販路を広げ、インターネットという窓口から新規顧客を獲得できる**というメリットがあります。

なかには、「うちは既存顧客との関係を重視しているから、新規顧客の獲得は急いでない」という意見もあると思います。確かに、得意先が決まっていたり、昔から安定的な取引ができている企業にとっては、販路を拡大することや、新規顧客の獲得を目指すことはあまり重要ではなく、それゆえにECを始める意義が見出しにくいかもしれません。

しかし、これだけ世の中がめまぐるしく変化している時代において、既存顧客との関係だけで安心するのはリスクが大きすぎるのではないでしょうか。インターネットが当たり前の世の中ですから、販路をオンラインにも広げれば、B to B企業でも個人に直接商品を販売することが可能です。

また、新興企業は業界に伝手がないことも多いので、自分たちのビジネスに必要な情報はインターネットを使って探すことが多いでしょう。自社でECサイトを持っていれば、インターネット経由での新規顧客の獲得につながるのです。

ここで、大手ガラス容器メーカーA社の例を取り上げてみましょう。

A社は老舗の食品ガラス容器メーカーで、特に「飲料用のガラスびん」では真っ先に名前のあがる企業の一つです。大手飲料メーカーが主要顧客で、長年安定した取引を行ってきたB to B企業です。

そこに近年登場したのが、新興の飲料メーカーです。自社で製品を企画・製造し、顧客に直販するD to Cメーカーが台頭してきました。この数年、D to Cは大きな話題になっていますが、飲料業界でもＤtoＣの企業が増加しており、その多くはＯＥＭで商品を製造しています。

ＯＥＭとは、Original Equipment Manufacturing（Manufacturer）の略で、メーカーが委託者のブランド製品を製造すること（もしくは製造するメーカーのこと）を指します。その製品を製造する知識やノウハウがなくても商品を作ることができるのがＯＥＭのメリットです。

たとえば、ある新興メーカーが若い女性をターゲットにしたクラフトビールを企画するとします。そのメーカーは、ＤtoＣの流れに乗るべく新規参入してきた会社です。そのため、業界内や流通での横のつながりはありません。

販売については、楽天などの既存ＥＣプラットフォームを利用することを考えつくでしょう。こうしたＥＣでの販売方法は、すでにノウハウや成功体験が多数共有されており、ある程度のイメージがつくはずです。

一方、商品開発については、業界に伝手がない場合、インターネットでリサーチをするのが一般的です。どの会社に頼めばクラフトビールを作ってくれるのか、作ったクラフトビールをどんな容器に入れるのか、パッケージはどうするのか、といったことをネットでリサーチするでしょう。

A社は、そのような潜在顧客にリーチし、新しい顧客を獲得したいと考え、EC化に踏み出しました。反対に、ここで新規顧客の獲得に目を向けなかったとしたら、A社の未来はどうなるでしょう。

たとえば、業界では無名にもかかわらず、デジタルを駆使して新興企業にリーチし、成功するような同業他社が現れるかもしれません。そして、A社が長年取引を続けてきた老舗飲料メーカーの間でも、その企業の知名度や評判が上がれば、いずれ業界シェアを大きく奪われてしまう日が来るかもしれません。

ここでは、ガラス容器メーカーと飲料業界を例にあげましたが、DtoCの台頭やOEM生産が増加している今、他の業界においても似たような状況であることは間違いありません。

たとえば自動車業界はどうでしょうか。以前は、各部品メーカーは特定の自動車メーカーにのみ製品を供給するのが一般的であり（部品メーカーY社の納品先はトヨタ自動車だけ、など）、基本的にいつもの顧客に決まった商品を納品するといった安定した取引が行われていました。

しかし、近年は複数の自動車メーカーに供給するのが主流になっていて、世界でも高く評価されている製品や製造技術を持つメーカーは、グローバルに進出するなど活躍しています。

また、電気自動車の台頭も無視できません。高性能なバッテリー技術と電動モーターを使用することで、ガソリンを使わない自動車が開発されていますが、それはつまり、従来のガソリン車とまったく異なる部品や技術が必要だということです。

そこに目をつけて、これまで自動車業界とは無縁だった企業が新たに業界に参入してきてもおかしくありません。そんな状況においては、「自分たちの大口顧客はトヨタだから安泰」というように、従来の取引関係やビジネスモデルだけに依存していると、市場のシェアを失ったり、技術的に遅れを取ったりするリスクがあります。

つまり、業界の変化に適応し、新しいトレンドや技術に対応していく柔軟性が求められているのです。

すべての企業にとってデジタル化は「必修科目」である

ここまで、ＢtoＣであろうとＢtoＢであろうと今後ＥＣ化は必要不可欠なのだ、ということをお伝えしてきました。「なるほど、うちの会社もＥＣをやらなければ」と納得してくれる人がいるであろう一方で、「うちは、何年も前から自社でＥＣサイトを運営してるから関係ない」「うちで扱っている商品は、どう考えてもＥＣサイト向きではない」「うちはＢtoＢだけれど、メーカーじゃないからＥＣは無縁だ」などと考える人もいるでしょう。

特にＢtoＣでは、日本で楽天が台頭してきた２０００年代初頭、当時の流れに乗って自社ＥＣサイトを始めた企業はそれなりに多くありました。そういうところは、確かにEC歴は長いのですが、始めた当時と今では世の中も、会社の方向性も変化してきていることを忘れてはいけません。
よくあるのは、少ない予算でなんとなくECサイトを始めたけれど、近年特に大きな施策を打たずともECの売上がどんどん増加しており、いよいよ無視できないサイズ感になってきた、というケースです（こうした企業の課題と解決策は4章で具体的に紹介します）。

ECの市場は、現在でも毎年5％ほど成長しています。現在の日本企業で、ここまでの割合で成長している部門はほとんどないはずです。「これまでもECにはさほど予算をかけてこなかったのだから、このままでいいだろう」と思うか、「これほど伸び幅があるということは、投資をしたら今後のビジネスの主軸になるのでは」と考えるか。この違いが、企業の10年後を左右するのです。

次に、「自社商品がECサイト向きだと思えない」という意見について考えてみましょう。確かに、特にBtoBでは業界によって、また商品によってはECサイトでの販売が不向きなケースもあります。BtoBの場合、BtoCのように既製品を並べて「好きな商品を買ってください」といった販売の仕方ではなく、顧客のニーズや困りごとなどをヒアリングしたうえで商品を提案したり、見積りを取って商品を一から作っていくというビジネスのかたちが多くあります。この場合は、完成した商品ありきのECが必ずしも向いているわけではありません。

しかし、そうした企業にもできること・やったほうがいいことはたくさんあります。本書で述べる**「企業のEC化」には、ECサイトの構築だけでなく、それに伴う業務フローのデジタル化も含みます。**

ECサイトを持たなくても、簡単な見積りや問合せなどを企業のコーポレートサイトからウェブ上で行えるようにすること、商談で使用する商品カタログ、サンプル、パンフレットなどをタブレットにまとめて持ち運ぶこと、請求書や納品書などの書類をQRコードでダウンロードできるようにすることなどは、どんな企業でも行ったほうがよいデジタル化です。もちろん、メーカーではないB to B企業も同様です。

自分たちの業務効率化はもちろん、デジタル化は顧客側のあらゆるストレス（問合せや見積り請求だけで何日も待つこと、大量の紙の書類を扱うことなど）を軽減します。こうしたデジタル化が当たり前になってくればくるほど、デジタル対応していない会社は選ばれにくくなっていくでしょう。

これだけデジタルが当たり前になっている昨今。「デジタル＝革新的・先駆的」といったイメージはもう時代遅れであり、**デジタルやECはもはや現代企業の「必修科目」のような立ち位置にあります。**つまり、これまでテクノロジーと縁遠かった業界も、もう避けて通るのは難しいということです。デジタル化・EC化なくして10年後の未来はない、といっても過言ではありません。

ここで、しっかりと時代や顧客の消費行動の変化に目を向けて、自社のビジネスの方向性を見直し、利益を生み出すためのテクノロジーにきちんと投資を行うことが、10年後に勝ち残るための戦略なのです。

COLUMN

アマゾンが推し進めたWebEDI

今では「買えないものはない」といわれるアマゾン。しかし、1995年の創業当時は、創業者ジェフ・ベゾスの自宅のガレージを事務所とし、書籍のみの販売からスタートしました。そして、徐々に取り扱い品目を増やし、オペレーションも進化させて現在の地位を確立していったのです。

アマゾンが日本でサービスを開始したのは2000年。日本ではまだ電話やFAXでの取引が主流の時代でした。しかし、当時アメリカの大手取次（出版業界における卸業者）とEDIを使った取引を行っていたアマゾンは、日本でも最初からEDIでの取引を推し進めようとしました。

当時、わたしはアマゾンジャパンでEDI推進の担当をしていたので、日本の取次や出版社、メーカーにＥＤＩについて説明して回りました。それまでの出版業界では、スリップと呼ばれる短冊（よく書籍の間に挟まっている縦長の紙）を用いて受発注を行う文化が根付いていました。そのため、業界の商慣習を変えるのは容易ではありませんでしたが、アマゾンは出版業界にＥＤＩを根付かせていきます。

書籍以外にも、扱う商品のカテゴリを増やしていくなかで、わたしはさまざまな業界にアマゾンのＥＤＩの仕組みを説明して、対応する仕組みを作ってもらうようお願いして回りました。その過程でいろいろな壁にぶつかりましたが、課題の一つがアマゾンのＥＤＩの仕組みに対応できない企業があることでした。

というのも、アマゾンと取引するにはアマゾンのＥＤＩに対応できるシステムを構築しなければならないのですが、小さい企業ではシステムを開発する余裕がないのです。たとえば、出版業界の取次のように大きな取引ができれば、それなりの売上規模があるので投資に前向きになれます。しかし、業界によっては卸業者が小さい規模の会社だったり、複数あったり、そもそも卸業者がなく小さなメーカーばかりだったりして、システム開発ができないケースもありました。

そこで登場したのが、WebEDIです。

WebEDIは、2章でお話ししたとおり「BtoBのための受発注用EC」のようなものです。目に見えない電子データでやり取りをするEDIとは違い、ウェブブラウザから専用画面に行き、「○○の商品△個の注文が入っている」という情報を画面で確認し、人間が一つ一つの注文に対応していきます。


アマゾンでは早い時期からWebEDIを導入し、今まで電話やFAXでしか対応していなかった企業に対して、この仕組みを提案してきました。WebEDIは、大規模な開発ができない企業でも手軽に始めることができるのがメリットで、アマゾンと取引する企業を爆発的に増やした要因の一つでもあります。

このように、アマゾンでは大企業が導入するEDIだけでなく、中小企業でも導入できるWebEDIを提供することで、BtoBにおけるECの裾野を広げてきたのです。

また、もう一つ見習うべき点は、アマゾンの全体最適の考え方です。

アマゾンには、グローバルなビジネスをするうえで「国ごとに個別最適化を図ってはいけない」というルールがあります。もし、ある国で良い仕組みを作ることができたとしたら、それを本社に提案して全世界に広めるようにしていました。

国によって商慣習は違うので、まだＥＤＩ取引が進んでいない日本に、なかば強引にＥＤＩを導入するのは大きな苦労がありました。けれども、世界共通のシステムを採用していることで、変化に対応しやすくなる側面もあります。


ちなみに日本では当時、ＥＤＩを利用する際には、傍受されにくく安全性が高いＩＳＤＮ回線のような専用回線を使うのが主流でした。また、トヨタ自動車やイオンのように、巨大なバイイングパワーをもとに自社仕様の個別ＥＤＩを持ちかけることが一般的でした。

しかし、アマゾンはＩＳＤＮのような専用回線ではなく、最初からインターネット回線を使い、かつ国際的なフォーマットを用いたＥＤＩ取引を行っていたのです。

もし、アマゾンが日本企業の慣習に従ってISDN回線のような専用回線を使っていたら、国のルールが変わるたびにシステムを変更しなくてはならなかったでしょう。これは、どの国においても同様です。

グローバル展開を視野に「最適解」を考える。その姿勢は、今後日本で新しいシステムを考えていく企業にも参考になるものです。

CHAPTER

3

EC化は3ステップで進める

ＥＣ化はスモールステップで進める

ＢtoＣであれＢtoＢであれ、これだけ世の中のデジタル化が進んでいる現在、業界を問わずデジタル対応しているか否かは必ず重要になってきます。これまでの内容から、「デジタル化・ＥＣ化を進めたほうがよい」というメッセージは、おそらく多くの読者に納得していただけたのではないかと思います。

では、実際に何から着手すればよいのか。ここからはＥＣ化の進め方について解説していきます。

まず「企業のＥＣ化を進める」といったとき、「ＥＣ化」には大きく分けて二つの要素があります。

一つ目は、皆さんが「ＥＣ」と聞いてパッと思い浮かべる——商品の画像や説明があり、納期がわかり、オンラインで決済が完了する——ようなＥＣサイトの構築。

二つ目は、業務フローのデジタル化です。ＥＣ化を行うということは、顧客獲得から商談、受注、納品、決済までを含む一連の業務がデジタル化されることを意味します。次ページの図のとおり、これまでは各プロセスで電話、ＦＡＸ、メール、そして対面で行われていたやり取りが、すべてオンラインで済ませられるようになります。

そのため、今まで分断されていた各プロセスにおける業務を見直して、業務の最適化を行うなど、組織体制も変えていく必要があるのです。社内はもちろん、取引先の業務フローにも関わることなので、相手にどう納得してもらうかといったところも重要な課題になります。

日頃コンサルティングをしていて感じるのは、多くの人がＥＣ化のプロセスを過小評価していることです。そのため、わたしが具体的なＥＣ戦略や業務改善の計画を提

ＥＣ化とそれに伴う業務フローの変化

EC化により、業務プロレスを短縮

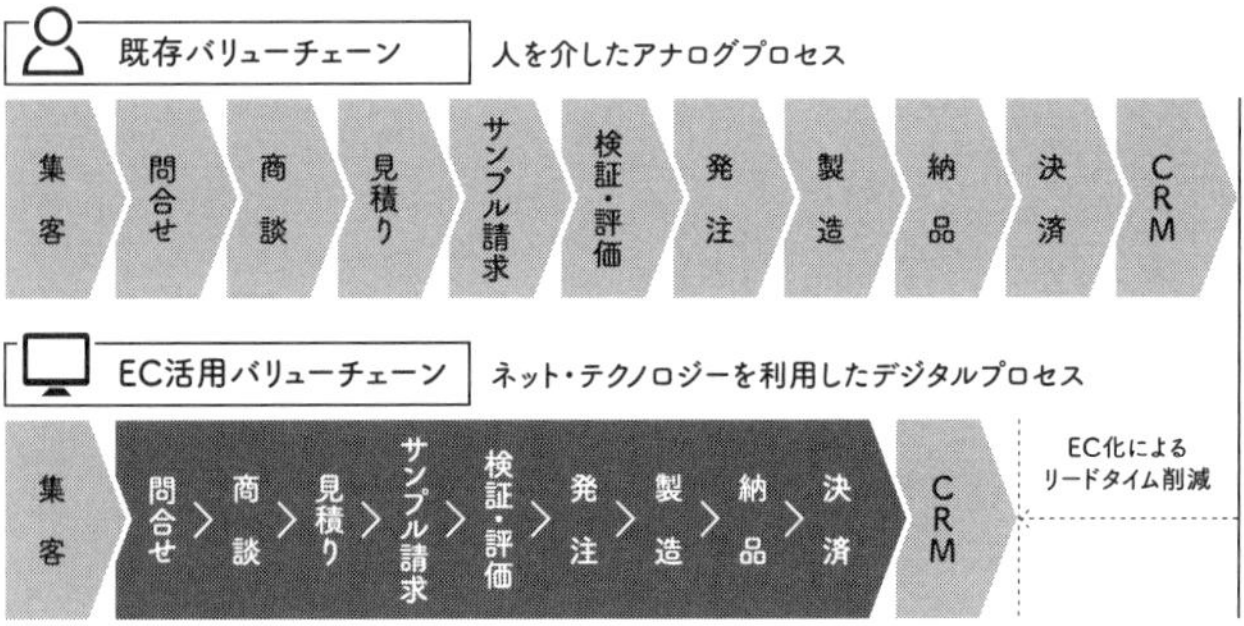

EC化による業務フローの変化

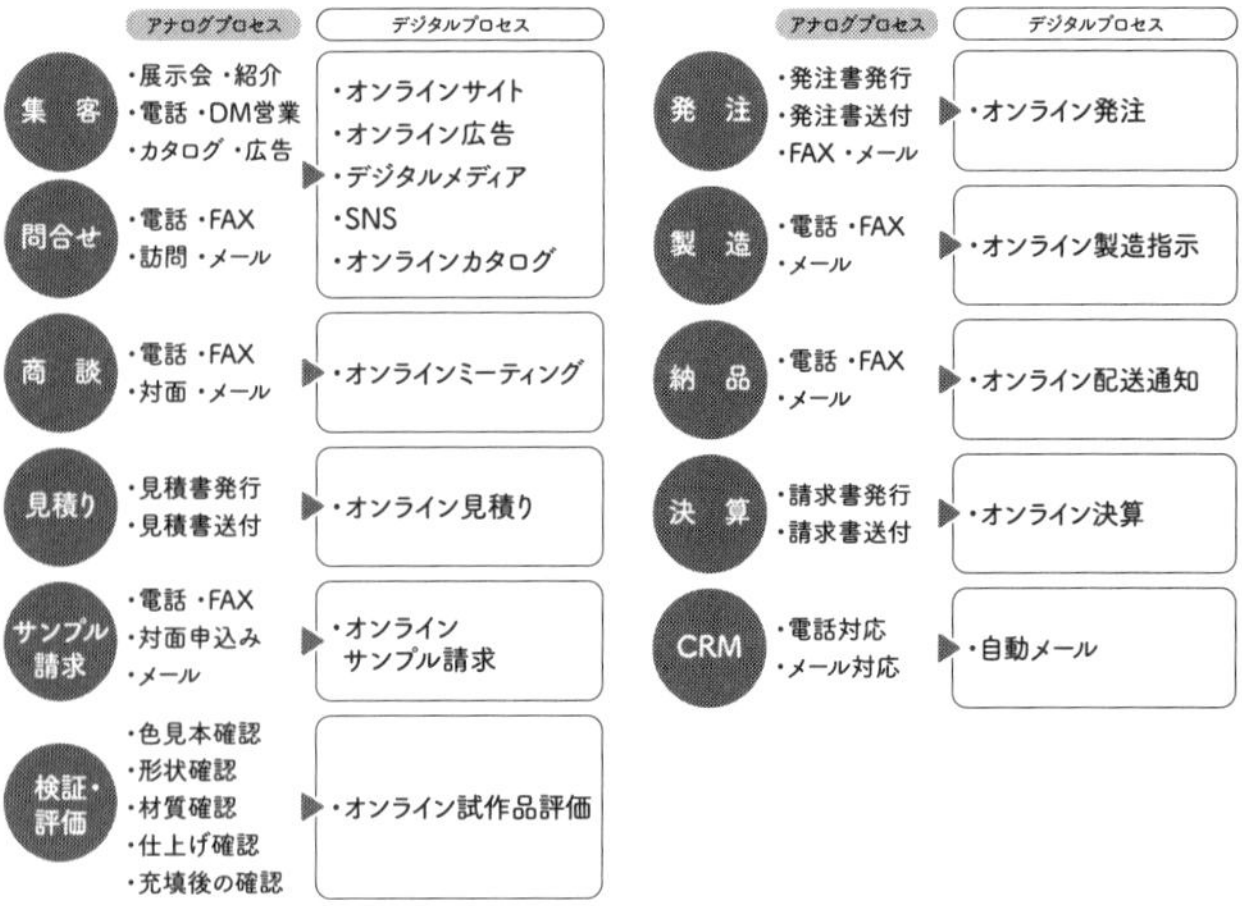

案すると、皆さん「こんなに長期的なプロジェクトになるのか」「予算はこんなにかかるのか」「組織体制も見直さなければならないのか」と、その規模の大きさに驚かれます。

テクノロジーやデジタルに対する解像度が低い人ほど、簡単に導入できると考えがちなのですが、正直に申し上げるとＥＣ化は一朝一夕で行えるものではありません。

そこで、わたしは日頃から**「ＥＣ化はスモールステップで進めるのが最適」**だとお伝えしています。これは、ＥＣの構築においても業務改善においても同様です。

道のりが長く一足飛びには進められないからこそ、目標を細分化し、一つ一つのステップを確実に達成することで、最終的な目標に到達することを目指すのがよいのです。

何事もそうですが、ゴールまでの道のりが長かったり、課題が大きすぎたりすると挫折しやすいものです。そんなとき、「達成感」は継続するエネルギーになります。

ですから、最初は現実的にクリアできそうな目標を置いて、ステップを踏みながら進めていくやり方を推奨しています。

また、わたしは、ゴールについても日頃から現実的な視点でお話ししています。コンサルの仕事をしていると、なかには「アマゾンみたいなECを目指しましょう！」と夢のある話で相手の気持ちをたきつける人もいます。そのほうが気持ちが上がり、やる気になれることもあるので、それはそれで一つのやり方です。

ただ、わたしは、相談を受けた企業から「うちもアマゾンみたいな凄いECサイトにしたいんです」と言われたとしても、無理なものは無理だとお伝えしています。もちろん、大きな目標を持つことは大切ですし、何事も最初から小さく見積もるのもどうかと思うところはあります。

しかし、日本企業特有の商慣習のもとでは、EC化を進めるのが簡単ではないことをわたし自身よくわかっています。そのため、現実的なゴールや着地点を探りながら実行していくことが最適だと考えているのです。

EC構築の進め方

本書で述べるEC構築の最終的なゴールは、顧客獲得から商談、受注、納品、決済までの一連の業務をすべてデジタル化することです。つまり、製品詳細、納期、ロット数などを画面上で即座に確認でき、問合せや見積り作成をウェブ上で行えて、注文と決済もオンラインで済ませられる――そんな体制を整えることができるのが最も理想的です。

ただ、一足飛びにそれを達成するのは難しいので、本書ではゴールまでの流れを次の3つのステップに分けて紹介します。

ステップ1　既存のコーポレートサイトの見直し
ステップ2　製品・サービス情報のデータベース化
ステップ3　データベースを使用したウェブ販売

ステップ3までは長い道のりです。ＥＣ化を最終ステップまで進めてＤ to Ｃ販売を可能にすることが理想ではありますが、さまざまな都合でそこまでできなかったとしても、一つでもステップを前に進めることが大切です。ＥＣ化は、たとえスモールステップでも、実際に導入してみればその利便性、効率の良さ、顧客層の変化などを確実に感じることができるからです。

そして、デジタル化がもの凄いスピードで進んでいるこの時代、デジタル対応しているか否かは必ず大きな分かれ道になります。まずはステップ1からで構いません。できることから始めていきましょう。

ここからは、これまでＥＣ化が遅れてきたＢ to Ｂ企業を例に解説していきますが、Ｂ to Ｃ企業においても基本的なプロセスは同様です。

STEP 1 既存のコーポレートサイトの見直し

ＥＣ化のはじめの一歩として、最初に着手すべきはコーポレートサイトの見直しです。コーポレートサイトは、インターネットの世界で「企業の窓口」の役割を果たしてくれるため、ＥＣの基盤を作るのに最適です。また、おそらくほぼすべての企業がすでに持っているであろう点で着手しやすいのです。

一般的なコーポレートサイトといえば、製品情報、会社概要、採用情報などが掲載されており、大企業になると、環境に対する取り組みや企業メッセージ、ＩＲ情報なども加わります。

ＢtoＣ企業は、一般消費者にとって商品や企業の知名度が高いこともあり、コーポレートサイトが洗練されていたり、商品のラインナップが見やすい印象があります。

一方で、ＢtoＢ企業においては、次の図のようなコーポレートサイトが多いのではないでしょうか。ホーム画面には社名、キャッチコピー、すぐ下にニュースリリースやＩＲ情報の見出しが並び、さらにその下に「光日化学について」といわゆる「About Us」の見出しが並んでいます。

一見しただけではこれが何の会社なのかわかりにくいです。社名ロゴや「光日化学について」の欄を見て、かろうじて「化学製品を取り扱う会社」だとわかるような仕様になっています。

一応何の会社かはわかりますが、化学製品のなかでもこの企業の主力製品は何なのか、強みは何なのかといったことはホーム画面からは見て取れません。

日頃から取引のある企業や、関連のある業界にいる人間にとっては、それらは既知の情報であり、社名を聞けばすべてわかるのかもしれません。しかし、その業界に明るくない人や、これから取引を検討する人、はたまた就活生などにとっては、コーポレートサイトを見てもどんな会社なのかがよくわからない。新規顧客の獲得には不向

よくある BtoB 企業のコーポレートサイトの例

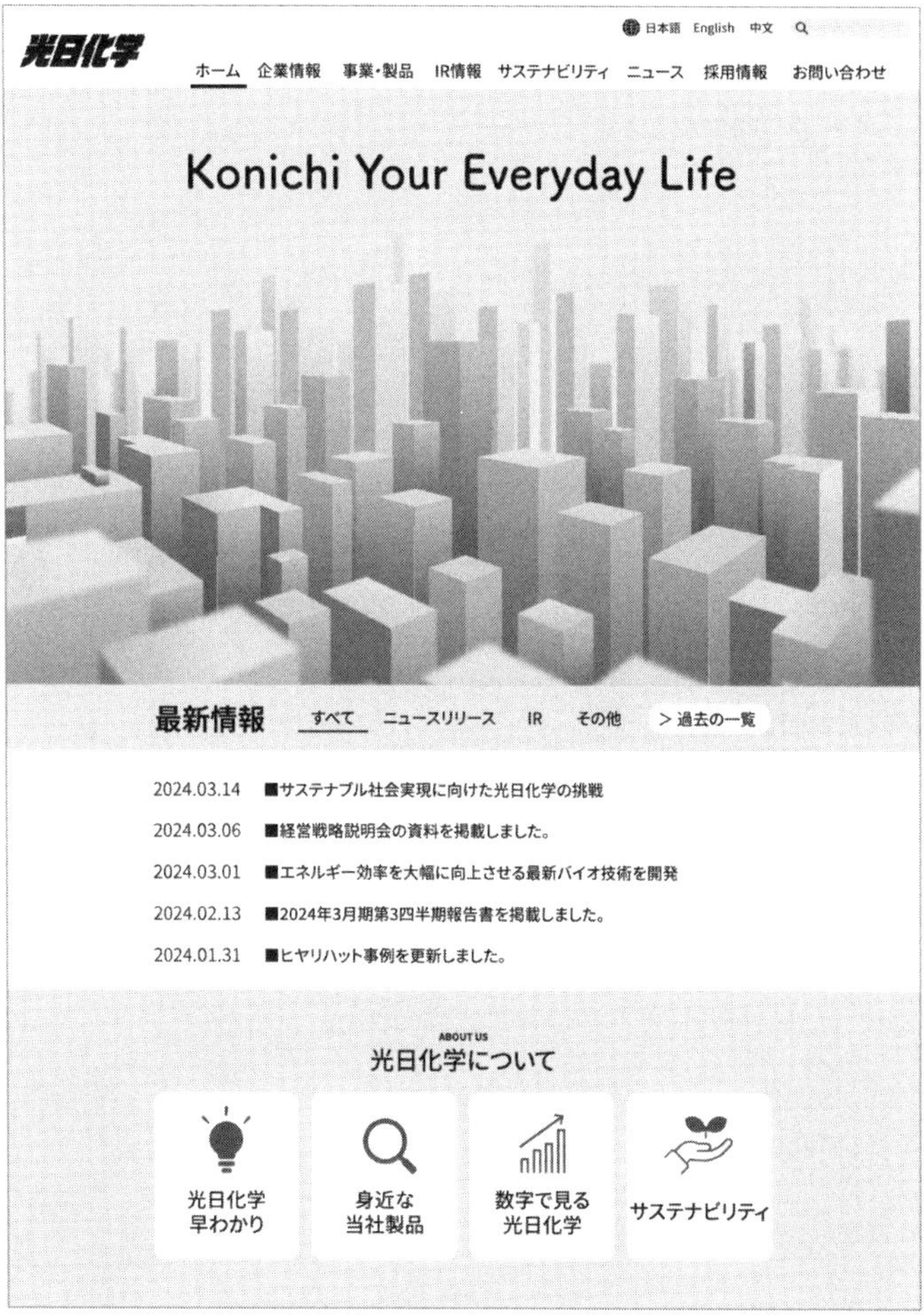

きであるといえるでしょう。

ですから、まずはコーポレートサイトを見直しましょう。**コーポレートサイトは営業窓口だと捉え、商談申込みや問合せにつながるサイト作りを目指します。**

特に新興企業など業界に伝手や情報がほとんどない場合には、ウェブサイトしか入口がないといっても過言ではありません。「コーポレートサイトは自社のＰＲの場」であるという意識を持つことが大切です。

では次に、このステップにおけるゴールとポイントについて見ていきましょう。

STEP 1

ステップ1におけるゴールとポイント

GOAL

一番アピールしたいことが伝わるコーポレートサイト作り

POINT

サイトを見る人のことを第一に考える

2章の90ページで紹介した大手ガラス容器メーカーA社は、EC化をきっちり進めていき、現在では次ページの図のようなコーポレートサイトを持っています。

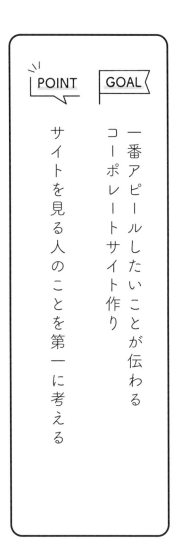

リニューアル後の
A社のコーポレートサイトの例

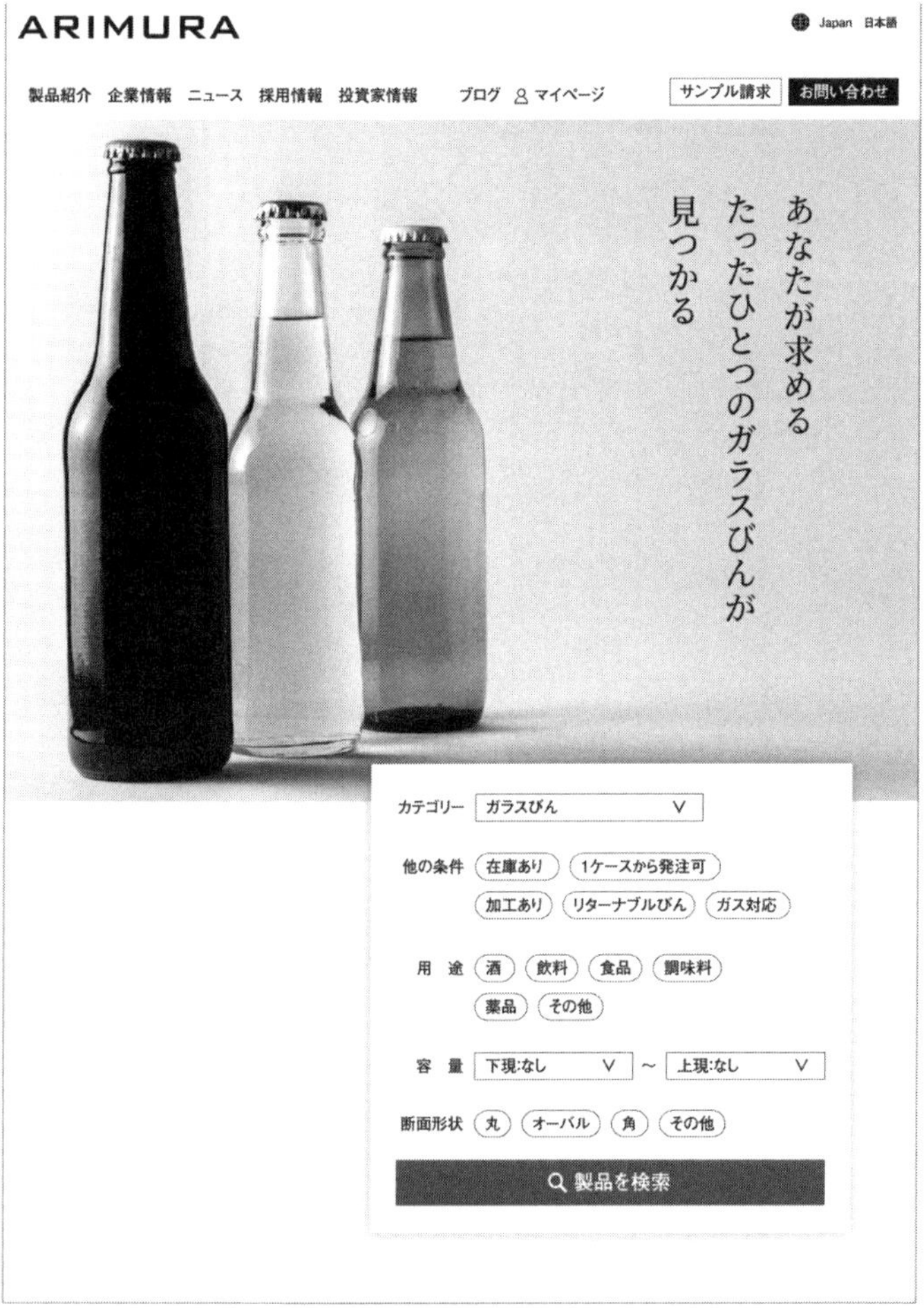

Ｂ to Ｂのガラス容器メーカーが、このようなコーポレートサイトを持っているというのは、あまりイメージがないのではないでしょうか。サイトの雰囲気は洗練されていて、キャッチコピーや写真から「ガラス容器を販売している会社」であることがすぐにわかります。

新規顧客獲得を第一の目的としているサイトですから、製品検索の画面をトップに置いており、製品の種類、用途、容量など、自分が求めている条件を選択すれば、該当する製品ラインナップがすぐに見られるようになっています。

先の図はＡ社のサイトの例ですが、コーポレートサイトを通して何を実現したいのかによって、アピールしたいことは変わってきます。製品に関する問合せを増やしたいのか、新たに人材を採用したいのか、株主に向けて最新の情報を確実に届けたいのか。それによって、コーポレートサイトの作り方が変わるのです。

いずれにしても、誰に対して何をどのように伝えたいか明確なのが「良いサイト」といえます。そして、良いサイトを作るためには、サイトを見てくれる人の目線に立つことが重要です。彼らにとって必要な情報は何か、反対に不必要な情報は何かといったことを考えて、優先順位の高い情報を目立たせる必要があります。

では、そうしたコーポレートサイトを作るために、具体的にどのようなことをしていけばいいのか見ていきましょう。

STEP 1

ステップ1におけるTODO

TODO①

コーポレートサイトの目的を考えて、サイトの構成を見直す

TODO②

製品紹介ページを作成する

TODO③

製品カタログをダウンロードできるようにする

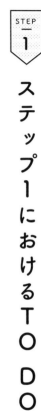

TODO①

コーポレートサイトの目的を考えて、サイトの構成を見直す

引き続きA社を例に考えていきますので、A社がEC化に取り組むことになった経緯について簡単に振り返りましょう。

A社は、飲料メーカーの間で「ガラスびんならA社」といわれるほど業界で知名度が高く、既存の顧客と安定した取引を行っている企業。しかし、飲料業界で増えつつあるOEM開発で製品を作る新興のD to C企業を潜在顧客として意識し、新規顧客獲得を目指してEC化に踏み出しました。

つまり、**コーポレートサイトの目的は、新規商品開発を検討していて、インターネットを使って情報をリサーチしている潜在顧客からの問合せを増やすこと**です。そのためには、サイトの構成として次のような要素が必須になります。

・最初に閲覧されるトップページで、何の会社なのか、どんな製品を扱っているのか、そのなかでも主力製品は何なのか、といったことがパッとわかる。
・会社の強みや、他社製品との差別化や特色がわかる。
・「問合せフォーム」がわかりやすく目立つ位置にある。
・サイト全体として情報が整理されており見やすく、デザインが洗練されている。

しかし、A社のコーポレートサイトは、これとは対極のような状態でした。会社情報、製品紹介、会社のミッションなどが記載されていましたが、肝心の製品情報は「酒・飲料びん、食品・調味料びん、薬品用びんなどを取り扱っております」という記載と、一体何十年前の写真だろうか？と思われる製品写真がそれぞれ一枚ずつ載っているだけ。

「問合せ」に関しては、トップページの下のほうに電話番号・FAX番号・メールアドレスが小さく書かれている状態でした。また、サイトの見た目も洗練されておらず、デザインの面でも改善の余地がおおいにありました。

ちなみに、サイトの見た目やデザインについては、「新規顧客を取り入れるための直接的な要素とはいえないのでは？」と思う人もいるかもしれません。しかし、これは非常に重要です。**デザインが洗練されていて、情報がきちんと整理されているサイトは、それだけで企業の印象が良くなる**からです。

仮に「サイトのデザインは悪いかもしれないけど、営業担当のきめ細やかなサービスには自信がある。それがうちの強みなんだ。取引してもらえばわかる」と思っていたとしても、業界に伝手がない顧客にとっては、コーポレートサイト上の情報がすべてです。

似たような製品を取り扱う二つの会社で迷っていたとしたら、サイト上でストレスなく欲しい情報が拾えて、かつ洗練した雰囲気のサイトのほうを選びたくなるのは、人の心理として当然でしょう。

そして、「営業担当のきめ細やかなサービスに自信がある」のであれば、それもコーポレートサイト上でアピールするのをおすすめします。**人の視線は上から下、左から**

右に流れていくものなので、コーポレートサイトの構成を見直す際には、それを考慮するようにします。

また、**洗練されたコーポレートサイトによって「企業の印象が良くなる」ということは、副次的に「人材を採用しやすくなる」という効果もあります。**業界に伝手のない顧客にとってサイトの情報がすべてであるというのは、新卒や異業種からの転職などで就職先を探している人にとっても同様なのです。今回は採用が主目的ではありませんが、人手不足の時代において「採用しやすい」ことが大きなメリットであることは間違いないでしょう。

TO DO②
製品紹介ページを作成する

コーポレートサイトの目的が何であれ、製品を作って売る会社である以上、製品紹介ページの作成は必要不可欠です。何の会社なのか、どんな製品を取り扱っているのか、といったことをわかりやすく伝えられるのが製品紹介ページだからです。

製品紹介ページを作成する際には、次のポイントを意識します。

・掲載する製品のピックアップ
・ウェブを意識した製品画像
・製品アピールのための訴求コメント

すでに製品紹介ページを持っている企業も、自分たちのページに不足しているものがあれば更新し、より良い製品紹介ページへと作り変えましょう。

●掲載する製品のピックアップ

製品紹介ページは、サイトを訪れた人に自社の強みや魅力をアピールすることが目的ですから、すべての製品を掲載する必要はありません。自分たちが最も推している「主要製品」を中心にピックアップして、カテゴリ別で載せるのが見やすくてよいでしょう。

A社の場合であれば、次ページの図のように大カテゴリとして「酒・飲料びん」「食品・調味料びん」「薬品用びん」「その他」を並べ、たとえば「酒・飲料びん」を選択すると、中カテゴリとして「ビール・ワイン・洋雑酒」「清酒・焼酎」「飲料・ドリンク」「その他」が並ぶようにします。そして「ビール・ワイン・洋雑酒」を選択すると、大きさや色、形などが異なるさまざまな製品が見られるようになり、そのなかから一つを選択すると、詳細な製品ページが見られます。

カテゴリ選択の例と製品一覧の例

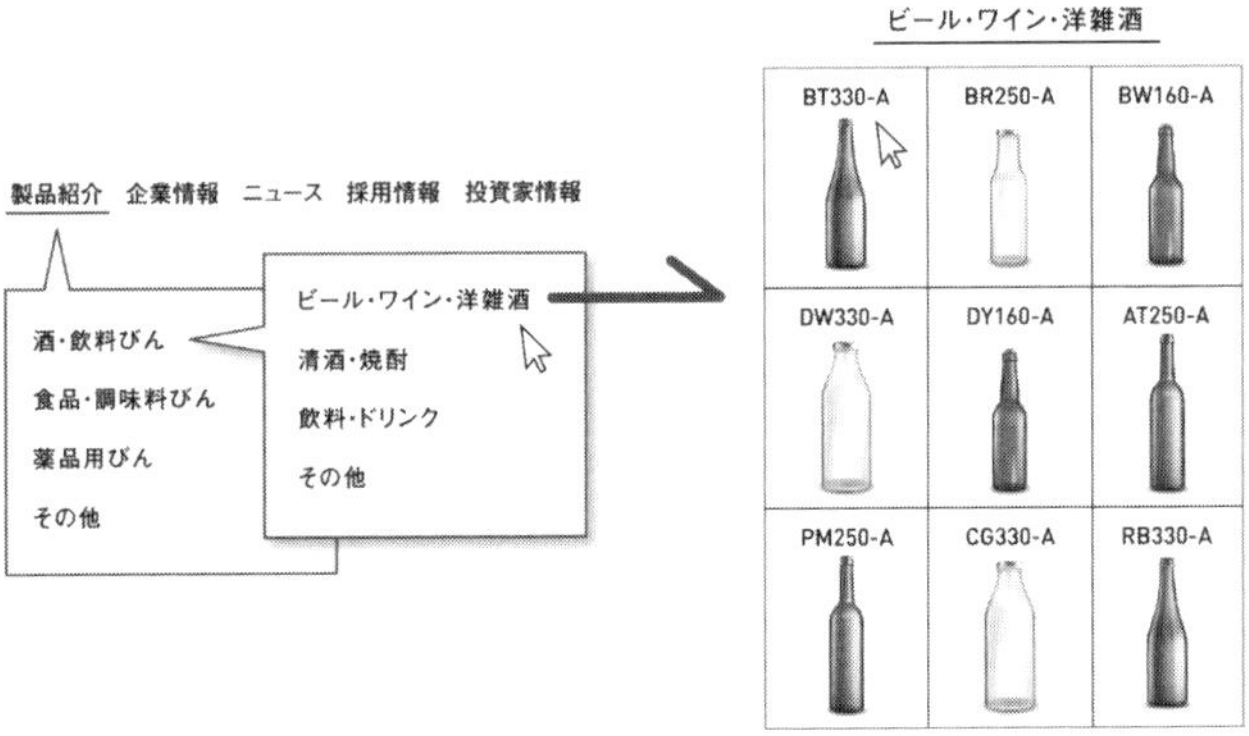

個別の製品ページの例

シンプル&ベーシックなビールびん。

紫外線の遮断能力の高い茶びんで内容物を守ります。

二色の王冠をお選びできます。

製品カタログPDFダウンロード↓

サンプルを請求する 製品のお問い合わせ

1ケースから発注可

容 量	330ml	全 長	231mm
重 量	250ml	対応CAP	26.3王冠
胴 径	61.5mm	入 数	35本

●ウェブを意識した製品画像

製品紹介ページには製品画像が必要です。メーカーの多くは製品カタログを持っているでしょうから、それを作成する際に用いた画像を使用するのが最も手っ取り早い方法です。しかし、紙面の制限があるカタログと違い、ウェブ上にはいくつでも画像を掲載できる利点があるのですから、製品のアピールになるような画像はできるだけたくさん載せておきたいものです。

たとえば、カラーバリエーションやサイズ展開の多い製品であれば、全種類の画像を用意したほうがよいでしょう。機器や家具など変形できることが特徴の製品であれば、モニターを１８０度回転させた画像や、仕切り版の位置を変えた状態の画像なども、製品のアピールになるので掲載したいところです。

もちろん、一から写真を撮り直すのは大変な作業です。いきなり写真をたくさん用意するのが難しい場合は、まずは主要製品や推していきたい製品を数個分でも構いません。ただ、**今後は「ウェブで閲覧される」ことを意識した製品画像を用意する必要がある、**という認識を持つようにしましょう。

●製品アピールのための訴求コメント

すでにコーポレートサイトに製品紹介ページを持っている企業も多いでしょう。しかし、なかには製品の型番、製品画像、サイズ・形状・素材などの詳細が書かれているだけで、いまいち製品の魅力が伝わってこない、という状態のものも少なくありません。

くり返しになりますが、**コーポレートサイトは営業の窓口であり、製品紹介ページは製品アピールの場**です。サイト上で製品の魅力が伝わるかどうかで、問合せや購入につながるか否かが変わってくるのです。

そこで、右記のような製品の基本情報に加えて、製品の魅力をアピールするための訴求コメントを追加するようにしましょう。訴求コメントとは、顧客に「買いたい」と思わせるような、商品の魅力を伝えるコメントのことです。たとえば、「シンプルで使いやすい、ロングセラー商品」「衝撃に強いのでアウトドアのシーンでも使える」「シリーズで揃えたくなる、サイズ展開とカラーバリエーションが豊富」などです。

最初はどんなことを書けばいいのか迷うかもしれません。しかし、厳しい言い方をすれば、訴求コメントが書けないということは、自社製品の魅力を理解していないということになります。**自社製品の強みを振り返り、売り方を知る意味でも、この作業は非常に重要**なのです。

訴求コメントは、日頃から顧客と直接関わっている営業担当者と一緒に考えていくのもよいでしょう。普段どんなセールストークをしているのかが参考になるでしょうし、製品に対する顧客の反応やフィードバックを直に聞いているのも営業担当者だからです。

今までの分断された業務プロセスにおいては、「製品を売る」ことは営業担当者だけの仕事だったかもしれません。しかし、ＥＣ化を進めるにあたっては、このように部署をまたいで連携をとる必要も出てきます。従来の役割に固執せずに、柔軟に動ける組織はＥＣ化を進めやすいのです。

ＴＯＤＯ③ 製品カタログをダウンロードできるようにする

製品紹介ページには主要製品を掲載できればよいのですが、それとは別に取り扱い製品を網羅した製品カタログも必要です。メーカーの多くは紙媒体のカタログを所持していると思いますが、デジタルカタログまで用意できているところはまだまだ少ないでしょう。

これでは、せっかくインターネット経由で訪れてくれた顧客に対しても、「カタログ請求の問合せ↓カタログ発送準備↓発送↓手元に届く」という従来の手順を要求することになり、顧客がカタログを入手するまでに二～三日ほどかかります。

そこで、まずは製品カタログをＰＤＦ化し、コーポレートサイトからダウンロードできるようにしましょう。これにより、顧客側が製品に興味を持ってくれたその場で、カタログを提供することができるのです。

ＰＤＦ化してダウンロードできるようにすることは、比較的少ない労力で行うことができるだけでなく、労力に対して顧客にもたらされる価値が大きいので、ぜひ取り組むようにしましょう。

STEP 2

製品・サービス情報のデータベース化

ステップ1では、EC化の最初の一歩として、ほとんどの企業がすでに持っているであろうコーポレートサイトの見直しを提案しました。ステップ2からは、よりEC構築を意識した内容に移っていきます。まだECサイトを作成するには至りませんが、その下準備として、製品のデータベースを整えるという大きな作業に着手するステップになります。

STEP 2

ステップ2におけるゴールとポイント

GOAL
販促用のマスターデータを作成する

POINT
顧客が「買いたい」と思うような、訴求力のある情報を追加する

ECを立ち上げるためには、「販促のためのマスターデータ」が必要になります。

マスターデータとは、企業が効率的かつ効果的に業務を遂行するための基盤となる中核的なデータのことで、会計情報が入っている会計マスターデータ、商品情報が

格納されている商品マスターデータ、取引先の情報が入っている顧客マスターデータなど、さまざまな種類があります。ECサイトの仕組みも、これらのマスターデータを用いて、販売、発注、発送、決済などを行う必要があります。

ここで問題になるのが、データの質と量です。

同じマスターデータでも、古いテクノロジーを持つ老舗メーカーとアマゾンのようなECに特化した企業では、商品マスターデータの質と量がまったく異なります。なぜなら、商品マスターデータに求める情報が違うからです。

アマゾンでは、最初から「顧客に商品を販売する」ことを目的として、それに必要なデータを蓄積してきました。一方、老舗メーカーの基幹システムにあるマスターデータは、会計や製造のプロセスの効率化を目的に作られてきました。会計系のデータでは商品の販売数や売上を管理し、製造系のデータでは、工場から上がってきた商品のロットナンバーを管理するといった具合です。

そのような場合、会計や製造に必要なデータは揃っていても、販促用のデータ——たとえば画像データ、商品の性能やセールスポイントなどの情報——などは持っていません。会計や製造の業務効率化にそのようなデータは必要ないからです。

また、ステップ1で「製品カタログをダウンロードできるようにする」とお伝えしたとおり、メーカーの多くは紙のカタログを持っていることは多いものの、電子化されていないケースがほとんどです。さらに、製品番号が正しく付番されていなかったり、管理体制がずさんで番号がダブっていたり、その商品がまだ実在するのか確認できないこともあります。ベースとなる商品マスターデータに不備があれば、在庫や納期のデータを正しく管理することは不可能です。

このように、古くからある企業の場合は、ECの基盤となる販促のためのマスターデータが不十分なため、まずはデータを整備するところから始めなければならないのです。

STEP 2

ステップ2におけるTODO

TODO①
既存の商品マスターデータを整理する

TODO②
販促用に不足したデータを補完する

TODO③
コーポレートサイト上で製品検索できるようにする

TODO①

既存のマスターデータを整理する

既存の紙カタログには多くの商品データが掲載されていますので、商品データの整理に有効活用できます。**商品の型番、仕様、価格など、カタログを作成するにあたって使用されたデータを、エクセルなどを使って整理し直していきましょう。**

膨大な商品を抱えている企業にとって、これらを整理することは骨の折れる作業だと思います。紙カタログの作成当時から価格が変わっている、カラーバリエーションが増えている、現在は取り扱っていない商品があるなど、データの修正事項は想像以上に多い可能性があります。

しかし、商品マスターデータがＥＣの基盤となる以上、できる限り正確で、信頼性の高いマスターデータを作成する必要があるのです。

ちなみに、**製品画像のデータは型番名をファイル名として保存しておく**ようにしましょう。販促に関するデータはすべて紐づけておく必要があるからです。

画像データは、カタログ作成時に使用したものをそのまま利用できますが、ECサイト上には紙面のような制約がないので、できるだけたくさん画像を載せたいところです。可能であれば、別の角度から撮った写真を追加したり、もし最近カラーバリエーションやサイズ展開が増えたといったことがあれば、それらの写真も撮影しデータを追加しておくのがよいでしょう。

ステップ1の「ＴＯ ＤＯ② 製品紹介ページを作成する」の段階で、一つの製品に対して画像を複数枚用意できたものがあれば、それらの画像はＥＣサイトにも使えるので、必ずすべてマスターデータと紐づけて保存しておくようにしましょう。

なかには、型番が存在しない商品もあるかもしれません。その場合も、後に商品データベース登録ができるように一定のルール（元になる商品カテゴリ群・素材・色・大きさの頭文字を利用するなど）で付番しておきましょう。

TODO②
販促用に不足したデータを補完する

次に、右記のマスターデータに販促用の情報を追加し、「販促用マスターデータ」として完成させます。**追加するべき販促用の情報は、型番とは別の販売用の製品名、訴求コメント、検索用のタグ**などです。

●販売用の製品名

BtoC企業の場合は、消費者に買ってもらうために商品自体にキャッチーで魅力的な名前を考えます。たとえば、大手生活用品メーカーのライオンには、「キレイキレイ」や「バファリン」などの有名なブランドがありますが、いずれも「キレイキレイ薬用泡ハンドソープ」や「バファリン プレミアムDX」など、必ず一つ一つに消費者向けの商品名がつけられています。

一方、BtoB企業では「PP-30A」とか「茶GB-10」といった型番が付与されているだけのケースが多いです。ルーティンでいつも同じ製品を発注するような、既存顧客とのやり取りであれば型番で問題ないのですが、新規顧客にとっては、型番しかないのはわかりづらいのが本音です。

取り扱い数が多ければ多いほど、すべての製品に販売用の名前をつけるのは難しいですし、そもそもB to C企業ほど凝った名前をつける必要はありません。ですから、まずは主要製品を中心に、シリーズごとに販売用の製品名をつけるとよいでしょう。

●訴求コメント

訴求コメントについては、ステップ1の「TO DO② 製品紹介ページを作成する」で説明したとおりです。顧客に「買いたい」と思わせるような、製品の魅力を伝えるコメントを考えます。コーポレートサイトの製品紹介ページを作るときに考えて掲載したものは、ここでそのまま使えます。

●検索用のタグ

最後は、検索用のタグについてです。次のTO DO③では、作成したマスターデータを用いて、コーポレートサイト上で製品検索できるような機能を搭載するのですが、製品検索の際にユーザーにとって便利なのが「タグ」です。

たとえば「ジュース用のガラスボトルで、底が丸くて細めのすっきりしたデザインで、フロスト加工（曇りガラス状の加工）されているものが欲しい」と考えている人がいたとしましょう。ジュース用のガラスボトルに決められた規格はありませんから、カテゴリから探すとなると膨大な数の製品を見なければなりません。

そこで、検索画面上で「材質⇓ガラス」「形⇓丸底／スリム」「加工⇓フロスト加工あり」というようにタグを選んでいき、これらに一致する製品を検索することができたらどうでしょう。ユーザーにとって便利な機能であることは間違いありません。

こうしたタグを使った検索を可能にするために、マスターデータ上にタグとなるワードを追加するのが望ましいのです。たとえば、あるビールびんに対しては「ガラス」「丸底」「350ml」「1ケースから発注可」など、ある調味料用の容器であれば「ガラス」「丸底」「木目キャップ」「在庫あり」などのタグが考えられます。

TODO③ コーポレートサイト上で製品検索できるようにする

完成したマスターデータを用いて、コーポレートサイト上で製品検索ができる機能を搭載します。ステップ1でサイト上に製品紹介ページを作成しているので「それで十分ではないか？　なぜ検索機能まで必要なのか？」と感じる人もいるかもしれません。

しかし、製品紹介ページと検索機能では、そもそも役割が違います。

販促用マスターデータの例

型番	商品名	価格	色	容量	重量	胴径	全長	訴求コメント	タグ
BT330-A	ビールびんスリム	120	茶A	330	250	61.5	231	シンプル&ベーシックなビールびん。 紫外線の遮断能力の高い茶びんで内容物を守ります。 二色の王冠をお選びできます。	ガラス，丸底，330ml，1ケースから発注可
SS70-B	スパイスびん丸底	85	透B	70	110	28	8.5	木目調のキャップが温かみのあるスパイスびん。 塩、胡椒、ハーブ類などの調味料はもちろん、クラッシュナッツやドライフルーツなどを入れても。	ガラス，丸底，木目キャップ，在庫あり
AS500-WF	酒びんフロスト加工	300	白C	720	430	86.6	257	フロスト加工と呼ばれる、つや消しの加工を施した酒びん。 通常のびんよりもなめらかな触り心地で、見た目にも高級感や特別感を感じられます。	ガラス，丸底，700ml以上，フロスト加工あり

製品紹介ページは、企業側からの一方的なプレゼンの場のようなもの。主要製品や自分たちが推したい製品を掲載して、自社の強みや魅力を伝えるページです。

それに対して、検索機能はユーザー（顧客）のための機能です。アマゾンを想像すると「検索」がいかに重要かイメージしやすいでしょう。ピンポイントで「こういうものが欲しい」と思っている人に、わざわざカテゴリから探させるのは大きな手間です。

また、先ほど「タグ」の話でも触れましたが、欲しい製品がどのカテゴリに分類されているのかわからなかったり、複数カテゴリをまたいで探さなければならない場合もあります。そもそも、製品紹介ページにはすべての製品を掲載していませんから、本当は取り扱っているのに、主要製品でないからという理由でサイト上で見つけられないとなれば、潜在顧客を逃すことにもなりかねません。

こうした理由から、新規顧客獲得を目的とするならば、コーポレートサイト上の製品検索までは取り組んでほしいところです。

　ここまでお読みいただいてお気づきの人もいるかもしれませんが、実は**コーポレートサイト上に製品検索機能を付けるかどうかは、ステップ１の段階で考えておくべき事項**になります。サイトの構成を見直す際に、検索画面をどこに配置するのかについて考えなければならないからです。

「商品マスターデータを作るのは今のリソースじゃできないから、うちのEC化はひとまずステップ1までにしよう」というのであれば、それでOKです。しかし、「できれば製品検索できるようにしたい」と思っているのであれば、ステップ2までをゴールとして捉え、それを踏まえたサイト構成を考えましょう。

　ちなみに、先ほどから例に出しているA社の場合も、ステップ2までを一つのゴールとしていました。これまでのA社の営業体制は、昔からの付き合いや、ショールームや展示会に来た顧客に対応するだけのアナログな方法で、こうした企業で一気にEC化を進めるのはなかなか大変です。

部分的EC化の例

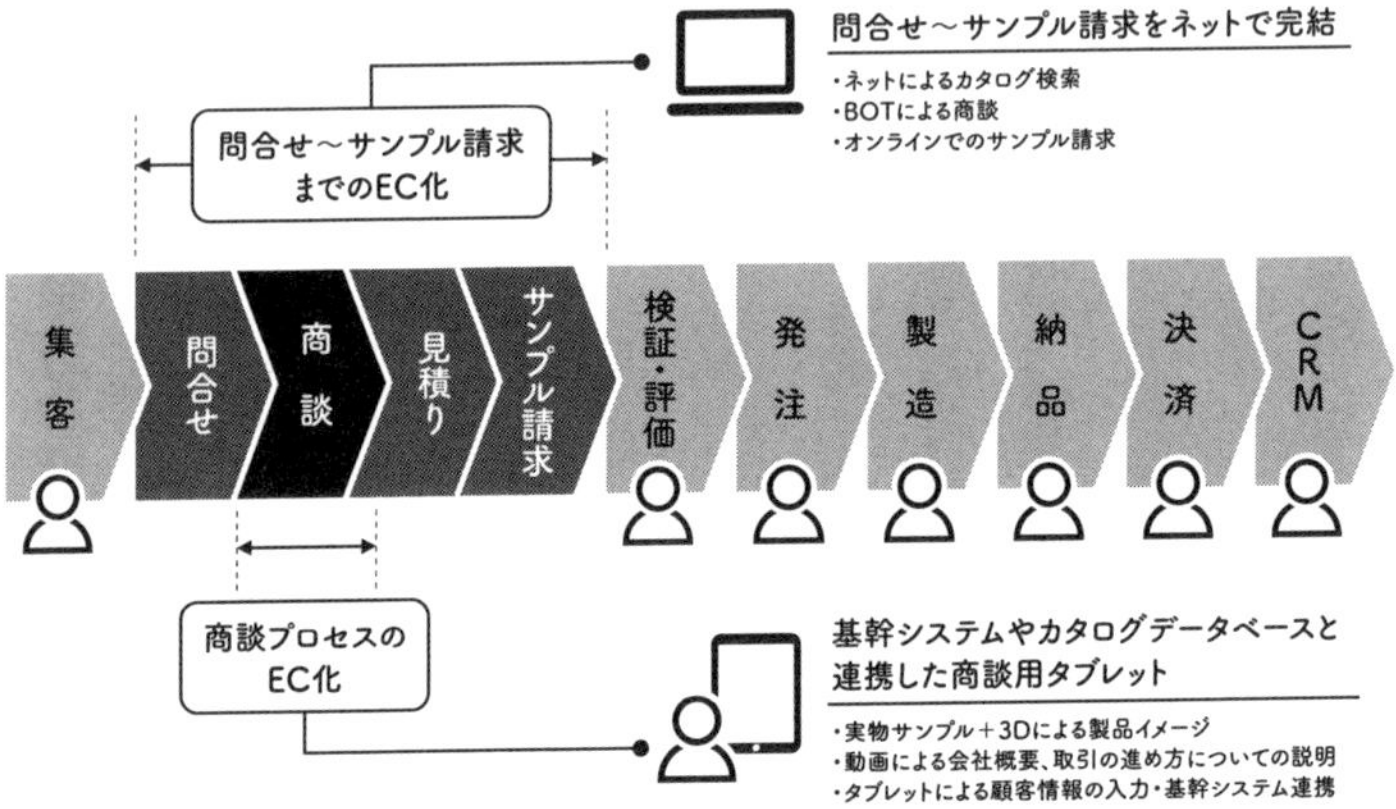

そこで、まずは集客から問合せ、商談、見積り、サンプル請求までのEC化に取り組むことにしたのです。この段階での目的は、ショールーム訪問や商談依頼へつなげることでした。そのため、ステップ2までを一つのゴールとして、コーポレートサイトを見直し、製品検索機能を付け、問合せ、見積り、サンプル請求に関してはオンラインでできるようにしました。

商談プロセスにおいては、いきなりオンラインにするのではなく、部分的なEC化に取り組むことにしました。

そこで、まずは基幹システムや製品のデータベースと連携した商談用タブレットを導入しました。

商談自体は対面で行うのですが、タブレットを用いて、会社概要や取引の説明などを動画で案内したり、３Ｄによる製品イメージを提示できるようにしたのです。また、タブレットで顧客情報の入力をし、それが基幹システムと連携することで顧客情報の管理を効率化しました。

このように、ＥＣ化は業務プロセスのどの部分においても、小さなところから取り組んでいくことができます。提案資料を紙ベースではなく、動画を交えたデータで作成しタブレットで提示することや、アンケートを紙に書いてもらうのではなく、ウェブフォーマットに入力して送信してもらうようにするなども、立派なＥＣ化の一歩なのです。

STEP 3

データベースを使用したウェブ販売

ステップ1とステップ2では、コーポレートサイトをベースに進めていきましたが、ステップ3は、いよいよ実際にウェブ上で製品を販売する段階です。基本的には、コーポレートサイトとは別に販売用のオンラインサイトを持つことになり、ここからが本格的なECになります。

その際に注意することは、最初からすべての製品を販売しようとしないことです。ECに適した製品とそうでない製品があるので、徐々に販売できる製品を増やしていきましょう。

STEP 3

ステップ3におけるゴールとポイント

GOAL

ウェブ上で製品の販売を開始する

POINT

ECに適した商品から販売を始め、徐々に製品を増やしていく

自社の製品を分類すると、「定型品」と「非定型品」に分けられるかと思います。定型品とは「規格が決まった製品」のこと。一方、非定型品は顧客からのオーダーを貰ってから製造するなど「規格が決まっていない製品」を指します。

最初に販売すべきなのは、定型品かつ在庫品です。在庫品は、自社で在庫を持っていて、いつでも出荷できる状態の製品で、一般に売れ筋製品がこれに当たるはずです。規格が決まっている製品は顧客も買いやすいですし、在庫があればすぐに出荷できるので、顧客にいち早く届けることが可能です。

次に、定型品かつ非在庫品の販売を開始し、最後が非定型品という順に進めていきます。ＥＣ販売に適した商品からスタートして徐々に取り扱い商品を増やしていきましょう。

STEP 3

ステップ3におけるTODO

TODO① 定型品かつ在庫品のEC販売

TODO② 定型品かつ非在庫品のEC販売

TODO③ 非定型品のEC販売に備える

ＥＣの分類

店舗形態別分類	モール別分類	構築方法別分類	メリット	デメリット	売上規模
モール販売型	アマゾン 楽　天 Yahoo! （モール集客）	出店型	・開始までが簡単 ・モールへの集客力	・高い販売手数料 ・PFによる販売規制 ・予定なしの規則変更 ・広告なしでは販売力低下	～1億
自店舗販売型	自社ドメイン .com （自社集客）	SaaS型	・開始までが簡単 ・低コスト	・機能の制限	～5億
		パッケージ型	・開発コストと機能が高バランス	・長い開発工数 ・一定のセキュリティリスク	5～30億
		スクラッチ型	・自由度の高い機能開発	・高い開発費用 ・長い開発工数	30億～

ＴＯ　ＤＯ①～③の順番でＥＣでの販売を開始していくことが好ましいです。

ちなみにＥＣの種類は、アマゾンや楽天などのようなモール型と、自社ドメインを持った自店舗型の二種類に大きく分けられます。店舗型については、サイトの構築方法としてさらにＳａａＳ型、パッケージ型、スクラッチ型と分かれていますが、それらの詳細については後で触れることにします。

TO DO ① 定型品かつ在庫品のEC販売

定型品は顧客が製品情報を見ただけで買いやすく、在庫があればすぐに出荷できるため、ECを始めるにあたって取り扱いがしやすい製品です。その製品が何かにもよりますが、**定型品かつ在庫品であれば、既存のECプラットフォームで販売するのが最も簡単な方法です。**先の図でいうと「モール型」と呼ばれる店舗形態で、アマゾン、楽天、Yahoo! などがそれに該当します。

ステップ1で作成したコーポレートサイトの製品紹介ページや、ステップ2で作成した製品検索によって表示されたページから、既存のECサイトの製品ページへ飛ばすことで購入につなげるのです。

モール型のメリットは、すでに出来上がっているプラットフォームに出店するので、簡単に始められることと、モール自体にすでにたくさんの固定客がついているため集客力が高いことです。一方で、販売手数料が高かったり、プラットフォーム側の都合で販売規制があったり、規則の変更があったりするなど、自分たちでコントロールしづらいというデメリットがあります。また、販売力を上げたり維持したりするには広告ありきという面があります。

BtoB企業の場合、「うちの製品はアマゾンや楽天で売るようなものではないだろう」と感じる業種もあると思いますが、実はBtoB向けのモール型ECも存在します。たとえば、通販サイト「モノタロウ」では、製造業や建設業で使用するような工具や備品などから、オフィス用品や日用品など約2000万点もの商品を取り扱っています。また、建設機械や重機などを専門に、決済から運送までをサポートしてくれるようなサイトもあります。

もちろん、自社ECサイトを立ち上げられるのであれば、それはとても理想的です。特にBtoC企業の場合は、既存のECプラットフォームで販売していることに満足せず、自社ECサイトで販売していくことを強くおすすめします。顧客とダイレクトにつながることで、顧客を会員化することができ、自分たちがビジネスの舵を取りやすくなるからです。変化の多い時代においては、自分たちでビジネスをコントロールできることが重要であり、それができれば、たとえ外的要因によって苦境に立たされたとしても、自分たちの努力で売上を伸ばしていきやすいのです。

しかし、BtoB企業はBtoC企業と比べて定型品かつ在庫品の割合が少ないため、費用や労力を考えると、必ずしも自前のECサイトを作ることが最良の選択とは限りません。ですから、BtoB企業の場合は「まずは既存のECサイトに参入する」というやり方でもよいと思います。

ちなみに、自社ECを立ち上げるには、三種類のサイト構築方法があります。次ページの図の「自店舗 販売型」の箇所を見てください。

上からSaaS型、パッケージ型、スクラッチ型と分けられ、下にいけばいくほど

ＥＣの分類

店舗形態別分類	モール別分類	構築方法別分類	メリット	デメリット	売上規模
モール販売型	アマゾン 楽　天 Yahoo! （モール集客）	出店型	・開始までが簡単 ・モールへの集客力	・高い販売手数料 ・PFによる販売規制 ・予定なしの規則変更 ・広告なしでは販売力低下	～1億
自店舗販売型	自社ドメイン .com （自社集客）	SaaS型	・開始までが簡単 ・低コスト	・機能の制限	～5億
		パッケージ型	・開発コストと機能が高バランス	・長い開発工数 ・一定のセキュリティリスク	5～30億
		スクラッチ型	・自由度の高い機能開発	・高い開発費用 ・長い開発工数	30億～

自由度が高くなります。しかし、自由度が高いということは、それだけ開発の費用が高く、完成までに長い時間を要します。

最も手軽に始めやすいのはＳａａＳ型です。ＳａａＳとは、Software as a Service の略で、クラウドサービス事業者がソフトウェアを稼働し、インターネット経由でユーザーがアクセスすることによって利用できる仕組みです。

最近人気の高い BASE や Shopify などがこれに該当します。これらは、自店舗型ＥＣでありながら、自分たちでシステムを一から開発する必要がないので、簡単に開始することができます。また、初期費用が無料だったり、月額費用やその他あらゆる手数料を安価に抑えることができるので、あまり予算がなかったり、販売できる製品の数が少なかったりしても始めやすいメリットがあります。

加えて、カスタマイズ可能で豊富なデザインテンプレートが揃っているので、自社や製品のブランドイメージに合ったページを作成することができます。アマゾンのようなモール型では、プラットフォーム側が定めたテンプレート上で他社の製品と一緒に並ぶことになるので、どうしても自社のブランドを際立たせることが難しい面があります。しかし、ＳａａＳ型であれば、自社や製品のブランドイメージを壊さない、一貫性を維持したオンラインストアを構築できるのです。

TO DO②

定型品かつ非在庫品のEC販売

定型品かつ在庫品をECで販売できるようになったら、次に考えるのは「定型品かつ非在庫品」の販売です。これは、定型化はされているけれど在庫がないという状態なので、納期の見極めさえできれば販売が可能です。

とはいえ、このフェーズまで来ると、BtoB企業が「モール型EC」を利用するのは難しいでしょう。アマゾンを例にするとイメージしやすいと思うのですが、製品を検索したときに「在庫切れ」と表示されていた場合、顧客はそこで購入を諦めるのが一般的ではないでしょうか。

というのも、「では、いつ納品が可能なのか」といったところが明確ではないからです。「二〜三日内に入荷」と表示されていることも度々ありますが、確実とは言い切れません。プライベートで欲しい商品なら、二日後でも三日後でも、さらに一日遅れたとしても構わないかもしれませんが、ビジネスの取引をするうえで納期が不明確なのは問題です。

右記の理由から、定型品かつ非在庫品のＥＣ販売を始めるにあたっては、製品ページに「注文から○日で納品」というように、顧客に納期がわかるような情報を追加するようにしましょう。

次に、このフェーズではどの方法でＥＣサイトを構築するのが最適なのか、について見ていきます。

ＳａａＳ型の場合は、デフォルト設定では非在庫品を扱えないことが多いですが、カスタマイズをすることで非在庫品も販売できるようにしたり、受注生産を行えるようにできるケースがあります。

ただし、ＳａａＳ型は手軽に始められる半面、機能に制限がありますから、定型品かつ非在庫品の取り扱いが多かったり、もっとＥＣに本腰を入れていきたい場合は

ECの分類

店舗形態別分類	モール別分類	構築方法別分類	メリット	デメリット	売上規模
モール販売型	アマゾン 楽　天 Yahoo! （モール集客）	出店型	・開始までが簡単 ・モールへの集客力	・高い販売手数料 ・PFによる販売規制 ・予定なしの規則変更 ・広告なしでは販売力低下	～1億
自店舗販売型	自社ドメイン .com （自社集客）	SaaS型	・開始までが簡単 ・低コスト	・機能の制限	～5億
		パッケージ型	・開発コストと機能が高バランス	・長い開発工数 ・一定のセキュリティリスク	5～30億
		スクラッチ型	・自由度の高い機能開発	・高い開発費用 ・長い開発工数	30億～

「パッケージ型」でECサイトを開発するのも一つの選択肢です。

パッケージ型とは、ECサイトに必要な機能がパッケージ化されたソフトウェアを使用してECサイトを構築する方法です。既存のソフトウェアをベースにカスタマイズしたり、機能を追加できるだけでなく、独自の要件にもある程度対応することができるなど、デザインや機能の自由度は比較的高めです。

SaaS型と比較すると、開発時間や費用を要しますが、基本的には既存のソフトでまかなうため、次に説明する「スクラッチ型」よりは開発しやすく、開発コストと機能のバランスがよい選択肢です。

TODO③

非定型品のEC販売に備える

最も難易度が高いのは、顧客の要望を聞きながら製造する非定型品です。顧客の要望を聞いて見積りを作ってから製造するので、当然納期も長くなります。

この場合、パッケージ型ECでも対応は可能かもしれませんが、独自の要件をたくさん追加する必要があり、基本機能からかなり拡張する必要があります。そうすると費用もどんどん上乗せされていくので、このフェーズまで来たならスクラッチ型で一から自社ECサイトを構築したほうがよいかもしれません。

ただ、非定型品に関してはECが必ずしも最適なやり方とは言い難いのが事実です。顧客の要望と齟齬が生じないように、製品の仕様や機能などの細かい部分まですり合わせが必要ですし、これまでの経緯や製品に対する要望など、対人間で話したほうがよい場面が多々あります。

とはいえ、問合せから決済まですべてに人的リソースを割く必要はなく、デジタルによって効率よくできる部分はどんどんEC化を進めていくべきです。ですから、まずはTO DO②の「定型品かつ非在庫品の販売」のフェーズで使用しているオンラインサイト上に、**非定型品の見積り機能や納期を表示する機能を作るところからスタートするのがよい**でしょう。

アマゾンも定型品かつ在庫品の書籍からスタートした

アマゾンも最初は「定型品かつ在庫品」の販売から始め、取り扱い品目を増やし、物流システムを拡大しながら世界的企業に成長していきました。１００ページのコラムでもお話ししましたが、アマゾンは創業当時、書籍のみの販売からスタートしていきます。創業者のジェフ・ベゾスが最初に書籍を選んだのは、**書籍がオンライン販売のメリットを最大限に活かせる商材だったから**です。

まず、ベゾスが目をつけたのは、その商品数の多さです。

書籍には、膨大な種類があります。多品種で無限にタイトルがある商品群を実店舗で扱うとなると、広い敷地面積が必要ですし、莫大な在庫を持たなくてはなりません。

アマゾンがビジネスを開始した時代のアメリカには、Barnes & Noble や Borders などの大規模な書店チェーンがありました。そういった大規模書店であってもすべての書籍を扱うことは到底できません。売り場の広さや棚の数に制限があることから、多くの顧客に求められる売れ筋商品を中心に陳列するのが常識でした。


一方で、オンライン販売では店舗を持つ必要がないため、物理的な陳列制限がありません。そのため、膨大な種類の書籍やニッチな商品でも扱うことができます。

この結果、いわゆる「ロングテール」といわれる現象が起こりました。ロングテールとは、それぞれの売り部数は少ないニッチな商品でも、それらの売上を足し上げると主要商品の売上を上回る状態を指します。アマゾンは、**実店舗での販売機会が少ない商品を大量に取り揃えることで、総体としての売上を増やし続けていった**のです。

また、書籍がオンライン販売に向いている理由として、**書籍が「管理しやすい商品」**

であることも非常に重要なポイントです。

市販されている書籍にはすべてＩＳＢＮ番号（国際標準図書番号）がついているため、その番号を用いることで商品のデータベースを作ることが容易にできるのです。ＥＣにおけるデータベースの重要性については、本章のステップ２の項目でお話ししたとおりです。ＥＣでは、データで商品を管理することになるので、管理しやすいことは重要な要素なのです。

また書籍は、タイトルなどの情報だけである程度中身の想像がつくので、実際に手に取らなくても売りやすい側面もあります。つまり、自社製品をオンラインで販売するにあたっては、実際に手に取らないことを前提に、できるだけ製品のことがよくわかるよう、製品画像を充実させたり、どんな特徴や強みがあるのかを伝えられるよう工夫する必要があるのです。

では、ＥＣ販売の次のフェーズである「定型品かつ非在庫品」については、アマゾンはどのような対応をしているのでしょうか。

アマゾンがいくらロングテールでの収益を大事にしているとはいえ、すべて商品の在庫を持つにはリスクがあります。ニッチな商品は、顧客からの注文があった後に販売元に発注していたので、顧客に届くまでに時間がかかっていました。

その課題を解決したのが「マーケットプレイス」です。

アマゾンマーケットプレイスは、アマゾン以外の個人・法人の出品者がアマゾンのプラットフォームを利用して商品を販売できるサービスのこと。新品だけでなく再生品や中古品、コレクター商品なども販売することができます。

このサービスの大きな利点は、アマゾンが直接商品を扱わなくても、出品者が販売活動を行えるところです。アマゾン自身がさまざまな商品を仕入れて、商品ラインナップを増やすのは時間がかかります。しかし、他の出品者が商品を提供することで、非常に迅速に商品の種類を増やすことができます。これにより、顧客が求める商品が見つからないという状況を減らし、より多くの購買機会を提供できるのです。

マーケットプレイスにより、非定型品やアマゾンにとって利益率の低い商品も扱いやすくなりました。アマゾンがマーケットプレイスから得る収益は、定額の出品料と販売取引ごとにおおむね8～15％の手数料だといわれています。利益を出しにくい商品も、マーケットプレイスで他社に販売してもらうことで、商品の品揃えを担保することができるのです。

この仕組みによって、アマゾンがビジネス的なリスクを取らなくても、扱う商品がどんどん増えていく仕組みが整いました。商品群が増えれば顧客も増えます。アマゾンが世界最大のBtoCプラットフォーマーになれたのは、マーケットプレイスの事業拡大が鍵を握っていたといえるでしょう。

CHAPTER

4

事例で学ぶ！ 企業が直面する課題と解決策

ＥＣ化を進めるときにぶつかる壁

さて、2章ではＥＣ化の進め方についてステップを踏んで説明してきました。手順については理解していただけたかと思うのですが、実際に紹介した手順をスムーズに進められるかどうかは、また別の問題でしょう。

ステップを一つ進めるだけでも、いや、ＴＯ ＤＯとして紹介した項目を一つ行うだけでも、社内のあらゆる課題に直面し、一向に作業が前進しないというのが現実ではないかと思います。また、会社によって現状は異なり、ＥＣ化といっても一筋縄ではいかないところもあるでしょう。

たとえば、会社としてＥＣに注力したいものの、部門やブランドごとにバラバラに

ＥＣサイトを運営していて、ＥＣ全体の実態を把握できない。十年ほど前になんとなくＥＣを開始したものの、規模が大きくなってきてしまい、今後どのように戦略を立てて管理していけばいいかわからない。業務のデジタル化・ＥＣ化を進めようにも、社内や取引先の理解が得られない、など。

本章では、実際の企業の事例を紹介しながら、こうした具体的な課題を明らかにし、それに対してどのような施策が考えられるのか解説していきます。似たような状況や課題の事例があれば、ぜひ参考にしてみてください。

CASE 1 大手アパレルメーカーB社の課題と解決策

背景

B社は、メンズ・レディースのアパレル製品の企画・製造・販売を行う企業。数々のブランドを誕生させ、現在は衣類だけでなくファッション小物や生活雑貨に特化したブランドも抱えている。

2000年代に入り、楽天やZOZOTOWN（現ZOZO）が台頭しはじめると、オンラインモールを通じてECを開始。その後、ブランドごとに独自のECサイトを立ち上げて直接販売を始めた。しかし、オンライン事業を一元管理する「EC事業部」

のような専門部署は設けられず、各ブランドが独自にＥＣサイトを運営している状況であった。
Ｂ社は今後、オンライン販売の強化を考えているが、店舗とオンラインの販売において、予算や売上をどう捉え、管理していけばいいのかについて悩んでいた。

以前のＢ社は、ブランド全体の売上におけるオンライン販売の割合はそれほど大きくありませんでした。しかし、近年オンラインでの売上が増加し、オンライン販売に力を入れる方針へと転換していくうえで、店舗とオンラインの両方でどのように予算を配分するかという新たな課題が生じてきました。

アパレル業界では、各店舗が独自の予算と売上目標を持っています。このため、店舗の従業員は自店舗での販売を優先し、顧客をＥＣサイトに誘導することには消極的です。

会社全体としてはＥＣサイトに注力し、その売上をさらに伸ばす戦略を推進したいのですが、個々の店舗や現場レベルではこの方針に対する抵抗がある——これは、全体最適と部分最適が一致しない典型的な例でしょう。

課題 会社がEC事業の手綱を握れない

会社としてECに注力したいと考えていても、売上データや顧客データ、サイトへの訪問者数やページビュー、競合の分析といった詳細なデータをしっかり管理できなければ、効果的なEC強化戦略を立てられません。

会社がECの実態をきちんと把握し、EC事業の手綱を握れないのは、主に次のような理由が考えられます。

一つ目は、B社の例のように、会社が複数の事業部やブランドを持ち、それぞれが独自にＥＣ活動を行っている場合。

各ブランドが自分のＥＣサイトを持ち独立して運営していると、企業全体としてのＥＣ活動の総合的な把握が難しくなります。各ブランドのデータが統合されていないため、どのブランドが良いパフォーマンスを示しているのか、またはどの分野に投資すべきかなど、全体的な戦略を立てるうえで重要な情報が見えにくくなってしまうのです。

二つ目は、ＥＣに関わる責任者が、直接ビジネスの決定を下す立場にない管理部門に属している場合。

たとえば、情報システム部や総務部がＥＣの運営を担当しているケースは、非常に多く見られます。「ＥＣ＝システム関係だから」という理由で、管理部門に責任者を立てているのでしょう。

しかし、これらの部署は技術的なサポートや会社全体の管理を行うところです。直接的なビジネスの判断――たとえば、どの商品を推して販売するか、どのようなマーケティング戦略を取るかなど——を下すのは本来の役割ではありません。その結果、EC戦略がビジネスの核心的な目標と十分に連携しなくなってしまうのです。

解決策

●管理部門をECの責任者にしない

最も避けるべきなのは、管理部門がECの責任者として運営することです。

ECを導入する理由は複数あるでしょうが、最終的には企業の利益向上を目指すことに集約されます。それを会社内部のサポートを専門とする管理部門に任せるのは、お門違いなのは明らかでしょう。

ECの運営には、販売戦略を考える、顧客のニーズに応じたプロモーションを企画する、オンラインでの顧客体験を最適化するといった活動が必要不可欠になります。

そしてこれは、「商品を売る」ことに直接関わる部門の強みです。これらを専門としない管理部門に任せて、ＥＣ事業を成功させることはまず不可能です。

したがって、ＥＣの運営には必ず、営業やマーケティングの部署を中心に据えましょう。管理部門はそのサポート役としてバックアップするのが理想的です。

誤解がないよう、情報システム部についても追記しておきます。この部署が主に担当しているのは、基幹システムの導入や運用、会社のインフラとしてのネットワークやＰＣの管理などです。セキュリティが担保されているか、システムが正しく機能するのか、保守はどうなのかといったことには強いのですが、ウェブサイトやＥＣに関する知見や経験があるわけではないので、ＥＣの責任を丸投げするのはやめましょう。

●ＥＣ事業部を作り、必ず予算をつける

そして、やはりＥＣに本腰を入れたいのであれば、**専門のＥＣ事業部や部門を新たに作りましょう。**そして、**ＥＣ事業部や部門には必ず予算をつけて、コストセンターにならないよう管理することが大切**です。

会社としてＥＣに注力するためにＥＣ事業部を作るのですから、そこがきちんと利益を生み出すプロフィットセンターになってくれなければ意味がありません。ですから、新たにＥＣ事業部を作るのに付随して、適切に予算を配分して管理することが必要不可欠です。

Ｂ社でも同様の手法をとりました。まずはＥＣ事業部を作り、予算を持たせたうえで、各ブランドのオンラインサイトの管理・運営を引き継ぎました。

●オンラインサイトを統合し、運営の効率化を図る

そして、これはＢ社の次のステップとしての計画ですが、**各ブランドがバラバラに**

運営していたサイトを統合し、一つの大きなオンラインサイトの中に各ブランドのショップを設けます。

オンラインサイトを統合することのメリットは、**「顧客の共通会員化」**にあります。ブランドごとに分散していた顧客を共通の会員にすることで、全ブランド共通のポイント制度を設けたり、共通の販促メールを配信したりすることができ、さらには、各顧客へのパーソナライズされた商品を提案することも可能になります。

全ブランド共通のポイント制度は顧客にとってもメリットが大きいので、「このサイトはポイントをためやすいからまた購入しよう」とリピート購入にもつながるでしょう。また共通の販促メールを使えば、顧客がまだ知らなかったブランドについてもアピールすることができ、購買機会を増やすことが可能です。同様に、パーソナライズされた商品もブランドを横断して提案することで、全ブランドにまたがった商品購入につなげられます。

ほかにも、オンラインサイトを統合し、共通のシステムを使用することで、サイトの管理が効率的になるというメリットがあります。

ブランドごとに独自のプラットフォームやツールに投資している状態では、同じ機能を複数回購入したり開発しなければならず、どうしても全体としてのコストが増大します。また、複数のシステムを維持すると、それぞれに対する定期的な更新や保守が必要になりますが、これはリソースの分散を招きます。

しかし、共通のシステムを使用することで、購入や開発を一回で済ませられるのでコストを抑えることができます。また、システムが一つになることで、そのシステムに関する専門知識を深めたり、必要なアップグレードや保守運営に対する投資を行いやすくなるでしょう。

これは非常に重要なことで、技術的な問題が発生した際に迅速な対応や解決ができたり、そもそも問題が起きないように日頃からきちんとシステムメンテナンスを行うことは、ＥＣでの販売力を上げていくうえで必須事項なのです。

COLUMN

管理会計の必要性

多くの企業が、ＥＣが儲かることを理解し、ＥＣをビジネスの主軸に置くべきだと考えるようになった今、単なるパフォーマンスとしてのＥＣ導入は意味をなさなくなっています。ＥＣの導入により、本気で会社の業績を上げていくことが求められているのです。

そこで、**本当に利益を生み出すＥＣ運営をしようと思ったら「管理会計」を行うことを推奨します。**とはいえ、管理会計を徹底して行っている企業は、大手を含め日本企業にはほとんど見られません。ですから、現実問題として難しいのは承知の上でお話しさせていただきます。

まず、企業の会計には「財務会計」と「管理会計」の二種類があります。

財務会計は、株主や取引金融機関などの外部関係者に向けて、企業の財務状態、経営成績、キャッシュフローなどの財務情報を提示します。企業として成長しているか、信用に足るかといった企業全体としての判断に使用される一方で、事業ごとのより細かい情報（どの部門が利益を出していて、どの部門が苦戦しているか、EC導入が売上にどれほど貢献したかなど）は見て取れません。

外部向けにはこうした全体の会計情報でよいのですが、社内で経営判断を下すにはもっと細かい単位での情報――たとえば部門ごとの利益や、月単位・週単位での業績、EC導入のように何か新しい取り組みがあれば、それがもたらした効果や利益など――が必要なはずです。こうした詳しいデータを見てはじめて、この会社の何が課題になっているのか、何を強化していくべきかを考えられるのです。このような詳細な数字を必要に応じて出すのが「管理会計」です。

ECの導入後、会社としての売上は上がったが、これは本当にECの効果なのか？オンラインサイトの利益はどれくらい出たのか？オンラインサイトの利益を上げるには、今後どの商品を販売強化すべきか？

これらは、財務会計を見ていてもわかりませんから、管理会計を行い細かく数字を出して、戦略につなげる必要があるのです。

CASE

2

家電メーカーC社の課題と解決策

背景

企業向けと一般向けの販売を行っている家電メーカーC社。もともとは製造に特化し、小売店を通した販売を行っていた。2000年代初頭、楽天が台頭しはじめるとオンラインモールを通じてECを開始。その流れで自社オンラインサイトを作成し、ダイレクト販売も始めた。

特に大きな施策を打たずとも、オンラインでの売上が右肩上がりで増加している現状から、今後も総売上に占める比率が拡大していくと予想。ダイレクトECに力を入れていきたいが、今後どのようにＥＣを管理し、戦略を立てていくべきかを見出せずにいる。

このような経緯で、なんとなくダイレクトＥＣを始めたメーカーは非常に多く見受けられます。そして、もともと少ない予算でスタートしたオンライン販売が少しずつ伸びてきて、気づけば10億円くらいの売上になっていたとか、全売上の１割を超えるようになってきたという話をよく聞きます。

さて、Ｃ社のように「なんとなくやってきた」オンライン販売が、無視できないサイズ感になってきたとき、企業は次のような課題にぶつかります。

・そもそもオンライン販売に関する全体像が把握できていない。
・将来を考えてＥＣサイトを構築してこなかったので、仕組みが増築・改築のくり返しになっている。

その都度、少ない予算で単発の施策を重ねてきたメーカーが多いので、「成長分野に投資しよう」と思っても、実態をつかめないのが現状です。

C社も同様の課題を持っていました。現在のC社の主な販売チャネルは次の三つです。

①卸や代理店を通した流通販売
②コールセンターなどでのダイレクト販売
③ECによる販売（アマゾンなど既存のモール型ECでの販売と、自社サイトによるダイレクト販売）

現在一番売上が大きいのは、①の流通販売で、③のEC販売は全体の売上の1割ほどです。しかし、EC販売は特別な施策をせずとも売上がどんどん増えているので、今後も売上に占める割合が増えていくと予想されます。このダイレクトECにもっと力を入れたいとのことで、コンサルティングすることになりました。

Ｃ社の現状をヒアリングすると、ビジネス面に関する課題とバリューチェーンにおける課題に大きく分けられました。

●ビジネス面での課題
・流通販売とＥＣ販売の利益相反
・オンラインビジネス運営におけるリソース不足
・オンライン事業の方向性や目標が定まっていない
・システムインフラの制約があり、老朽化も進んでいる

●バリューチェーンの課題
・オンライン集客施策に限界がきている
・システムの老朽化や陳腐化における、買い物途中での顧客離脱
・販促や顧客との関係構築活動に手が回っていない

このように課題がいくつもある場合は、取り組むべき課題について、選択と集中をする必要があります。今回ダイレクトECを進めるにあたっては、まず「流通販売とEC販売の利益相反」に焦点を当てて戦略を練ることから始めました。

課題 既存パートナーとの間に軋轢《あつれき》が生じてしまう

EC部門の立ち上げやECに注力しようというときには、ECでの売上が既存の流通チャネルの売上を奪うことにならないか、について考えなければなりません。利益相反することになると、これまで多くの売上を立ててくれていた卸や代理店などの協力パートナーとの間に軋轢が生じてしまいます。

たとえばC社の例でいうと、B to B向けに販売している業務用掃除機があります。

これは、ほとんどを卸や代理店を通して販売している状況です。

そこで、ECのダイレクト販売を強化するにあたり、業務用掃除機を主力製品として、自社ECサイトで積極的に販売するとどうなるでしょうか。デジタル志向の顧客は一定数ECサイトに流入してくるので、卸や代理店での同製品の売上が落ちます。これまでC社の売上を立ててくれた卸や代理店を傷つけることになってしまうのです。


きちんと戦略を立てたうえで、「自分たちは、自社ECサイトでのダイレクト販売路線に完全に切り替える」というのであれば、それでも構いません。本書でも、特にBtoC企業については、この路線を目指すことを推奨してきました。

しかしBtoBの場合、製品や顧客層によっては既存の流通チャネルが最も重要で、これからもその販売ルートに頼ったほうがよいケースも多いです。その際には、既存のパートナーとの関係を大切にし、お互い売上を伸ばしていくために協力姿勢をとることが必要です。

解決策

C社は、流通販売と競合しない分野のダイレクト販売を強化することにしました。具体的には、個人向け家電の消耗品やバッテリー、オプションパーツなどの販売が考えられます。なかでも、定期的に交換が必要な掃除機の紙パックやフィルターのような商品は、自社ECサイトでサブスクリプション（定期購入サービス）を開始することで、顧客を固定会員化できて利益率を高めることができます。

ほかにも、既存パートナーとの摩擦を避けつつできる、メーカーならではのマーケティング戦略には次のような方法があげられます。

一つ目は、**CMや広告の活用**です。これは、最もわかりやすくて直接的な方法でしょう。テレビCMやオンライン広告によって商品の認知度が上がれば、小売店での売上増加につながります。

オンラインの場合は、自社ウェブサイトで商品をどんどん紹介して、モールの販売サイトのリンクに飛ばしてあげるという方法もあります。また、自社ウェブサイト上に「あなたの家の近くで購入できる店舗」といった検索機能を設けて、店舗に誘導するやり方もよいでしょう。

二つ目は、**限定のオリジナル商品やサービスの提供**です。「オンライン限定商品」というのを最近よく見かけるようになりました。店舗での販売を奪うことなく、独自の販路を確保できる方法です。

また、掃除機で有名なダイソンでは、修理サービスの電話対応時に、メーカー直販ならではの特別割引を提供し、これによって顧客との直接取引を促進するという方法をとっています。

なんとなくダイレクトECを始めてここまでやってきた企業にとっては、今が過渡期かもしれません。「これまでもダイレクト販売には、さほど予算をかけてこなかったのだから、このままでいいだろう」と思うか、「これほど伸び幅があるということは、投資をしたら今後のビジネスの主軸になるのでは」と考えられるかが、大きな分かれ道です。

ＥＣ市場は、現在でも毎年５％ほど成長しています。現在の日本企業で、ここまでの割合で成長している部門はほとんどないはずです。なるべく早い段階で、自社のＥＣ戦略を明確にし、今後10年を見据えたシステムやウェブサイトの再構築に手をつけましょう。

CASE 3 大手電機メーカーD社の課題と解決策

背景

D社は、商業施設やマンションなどで使われる照明設備を取り扱う電機メーカー。製品を製造して保管し、最終的に顧客への納品・設置までを請け負うB to B企業である。

システムの未整備による人力作業、人手や車などのキャパシティ不足、業界の商慣習による納期変更の多発など、課題が山積みの状態。そこで、受注から納品・設置までの業務フローを見直し、効率化を図りたいと考えていた。

とにかく課題が多い印象を受けたので、最初に業務フローの調査に着手しました。各フローについてヒアリングしてみると、受注から納品までのプロセスにおいて、あらゆる課題が浮き彫りになりました。

たとえば、受注や部品を手配するプロセスにおいては、FAX、電話、メールで連絡を取り合うなど、作業のほとんどを人力で行っているうえ、受注処理は二名体制で明らかに人手不足の状態でした。またD社は、製品の輸配送をグループ会社に外注していますが、出荷の一日前にならないと配車手配をできないという問題がありました。人手も車も足りていない状況に加え、直前での配車手配をしなければならないため、車両を確保できないケースが発生していたのです。

このように課題はたくさんあったのですが、なかでも最も優先度が高かったのが、顧客からの頻繁な「納期変更の依頼」でした。

課題　業界商慣習による弊害

D社では、受注から納品までの間に、顧客（商業施設やマンションなどの現場）から頻繁に納期の変更を依頼されていました。現場のスケジュール変更や遅延はよくあることで、現場からの納期変更があれば必ず対応するというのが業界の商慣習になっていたのです。

「納期変更はいつまで」といったルールは定まっておらず、受注後や納品の直前であっても、納期変更の依頼があれば対応せざるを得ない状態でした。それにより、工程管理を行う部署では頻繁な調整業務が発生していたのです。

工程管理の担当者は、受注後には次のような手順で各関係者に連絡をしていました。

受注処理を行う
↓
工場へ連絡して部品や製品などの出荷手配をする
↓
施工業者に施工日を連絡する
↓
物流センターに連絡してトラックヤード（倉庫や物流センターに設置された、荷物の積み降ろしをする際にトラックを一時的に停めておく場所）の受け入れを確保する
↓
運送会社に納品日の連絡をして配車を手配する

これらの連絡や手配をした後に納品日が変更されると、再度同じ手順で変更の連絡を入れなければなりません。そのため、調整業務だけでかなりの時間が取られている状況に陥っていました。

また、詳しくは後述しますが、顧客（現場）が納期を変更すると、その情報は何人かを経由して工程管理の担当者に伝わります。そのため、担当者が工場や物流センターに連絡するまでに時間がかかり、情報伝達に遅れが生じているのも課題でした。

さらに、ヤード受け入れ後は納期変更の対応ができないため、受け入れを拒否された荷物をどこに保管するかという問題もありました。

D社が対応している納期変更依頼のように、その業界特有の商慣習に振り回され、本来であれば不要な作業や、非効率的な業務が発生している現場は多いと思います。これは、社員一人一人の努力ではどうすることもできないため、皆がストレスや不満を抱えているにもかかわらず「この現状を改善しよう」という思考にはなりません。

こうした状況が続くと、社員たちは「どうせ無理」「今さら変えるのは難しい」と諦めのような感情を抱くようになり、最終的には会社全体が「変化や改革を面倒だと思う体質」になっていきます。社内全体、ひいては業界全体にこうした空気が蔓延していると、EC化を進めるのもなかなかうまくいきません。

「DXを進めよう」「AIを駆使しよう」といわれている時代の流れや変化を目の前に、「このままで大丈夫なんだろうか」といった漠然とした不安に直面している企業は数多くあります。皆がなんとなく「自分たちも何か変わらないとまずいんじゃないか」と思っているわけです。

しかし、そう思いつつも、実際に社内で何か大きな改革をしようとなると、皆なかなか重い腰が上がりません。日々の業務で手一杯で、そんなことをしている余裕がないのも事実です。

変化自体を面倒に思う体質になっていると、たとえ業務効率が良くなるとわかっていても、「日々の業務はなんとか回っているので、あえて業務フローを変える必要はない」と思う社員が増えていきます。また、取引先の多くが業界のルールに則っているため、自社だけでルールを変えるのは難しく、業界のルールを破ろうとすれば、他社からの風当たりが強くなるのではないかという危惧もあります。

実際に、こんな経験がありました。

とあるメーカーから「今までＦＡＸや電話で受発注を行っていたけれど、それを見直して業務フローの改善をしたい」という話を受けました。そこでわたしは、ＷｅｂＥＤＩでの受発注に切り替える計画をまとめ、実施にあたりいくつかの取引先にもヒアリングをしました。

「お互いの業務を効率化するためにＷｅｂＥＤＩを構築するので、そのサイトから受発注を行いましょう」とメーカーは提案し、取引先も理解を示しました。電子化したほうが効率がよいことは、誰もがわかっていたからです。しかし、実際の導入となると、誰も重い腰を上げません。なぜなら、すでに確立した業務フローを変更するのが面倒だからです。

「電話やＦＡＸで受注したものを営業事務の担当者が処理する」という業務フローを変えるとなると、組織全体の体制を見直さなければなりません。結局、どの取引先もプロジェクトへの参加を保留したので、ＷｅｂＥＤＩのプロジェクトは頓挫してしまいました。

解決策

D社の場合は、まずは「納期と変更のルール決め」が急務だと判断しました。具体的には、受発注の業務自体をデジタル化し、顧客には専用のウェブ画面から発注を行ってもらうようにしました。ウェブ画面上で、車と人を用意できる日付のみ発注を可能にし、納期変更についてもルールを設けました。

従来は納期変更があった際に、現場→代理店→D社の営業担当→D社の工程管理担当→関係各所（施工業者・トラックヤード・運送会社など）という順に連絡をしていました。納期変更に関わる人物が多く、情報の伝達にタイムラグが生じていたのです。

この課題を解決すべく、専用のウェブ画面では「現場の人間がシステム上で納期変更を行い、関係各所に直接通知が届くような仕組み」にしました。これによりタイムラグが解消され、D社の工程管理は調整業務から解放されて負担が大幅に減りました。

オンライン注文管理のメリット

現状		変更後
発注先によって連絡手段がまちまち	→	システム上で一括発注が可能
発注後に車と人を確保	→	車と人が用意できる日付のみ発注可能
納期変更依頼に携わる関係者が多い	→	現場の人間が直接納期変更依頼
人が介在するため、無理な納期変更依頼が発生	→	システム管理のため、納期変更依頼をルール化可能

納期変更フロー

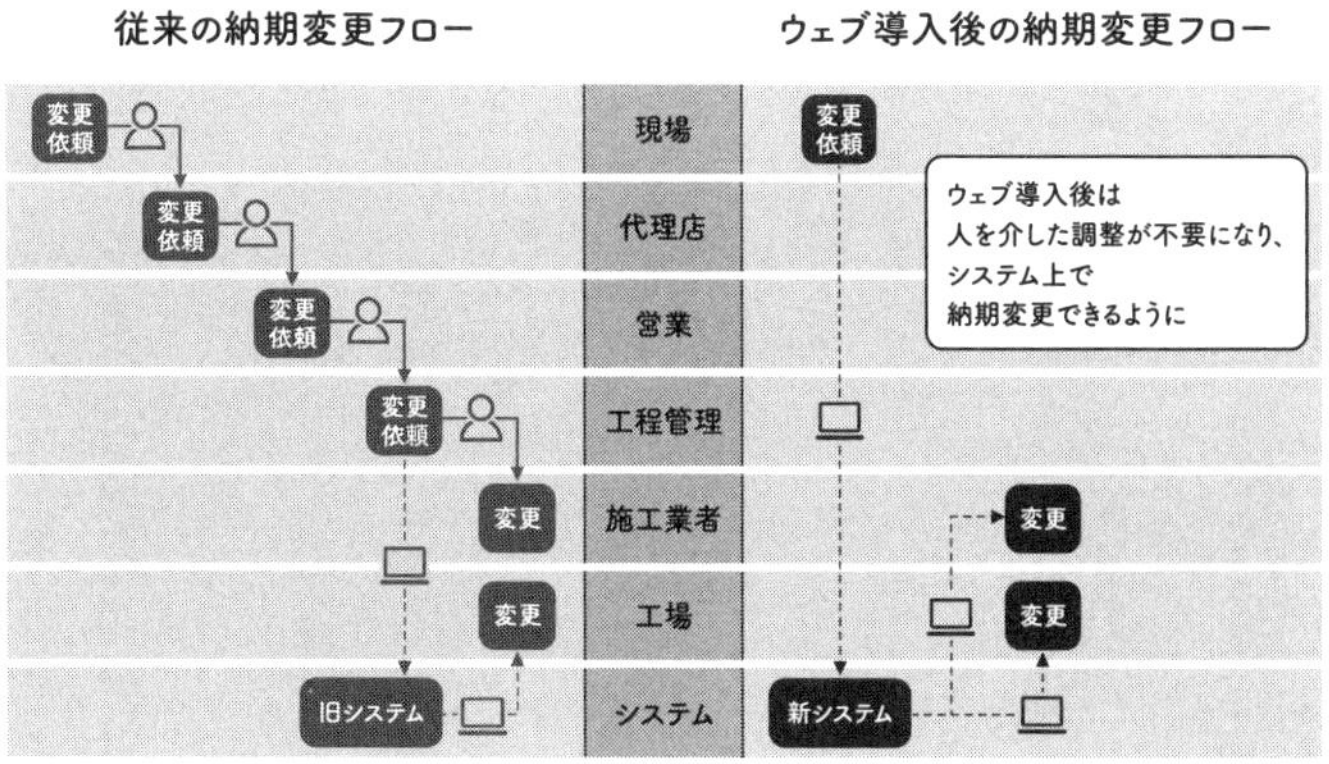

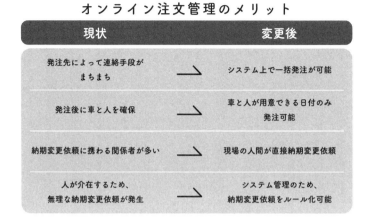

受発注の専用ウェブには、航空券の予約のようなシステムを導入しました。「何月何日の納品であれば、あと何枠空いている」といった表示がされるので、顧客は空いている枠から希望の日程を選択します。

また、納期変更が可能な「通常発注」に加え、何日前までに申込み、かつ日程変更をしなければ特別価格で発注できる「早特割引」を設けました（早特割引で後から変更が生じた場合には、追加料金が発生します）。このように販売方法を複数用意し、従来より安く発注できる選択肢を設けることで、顧客側もデジタル化のメリットを享受できるようにしました。

対人での受発注業務では、「頼めばなんとかなる」という心理が働き、無駄な日程変更も多くなりがちです。しかし、システム化することでD社側もルールを決めやすくなり、顧客側もシステムに沿って動かざるを得なくなるので、無茶な要望をしづらくなります。これもデジタル化のメリットの一つです。

オンライン注文管理画面のイメージ

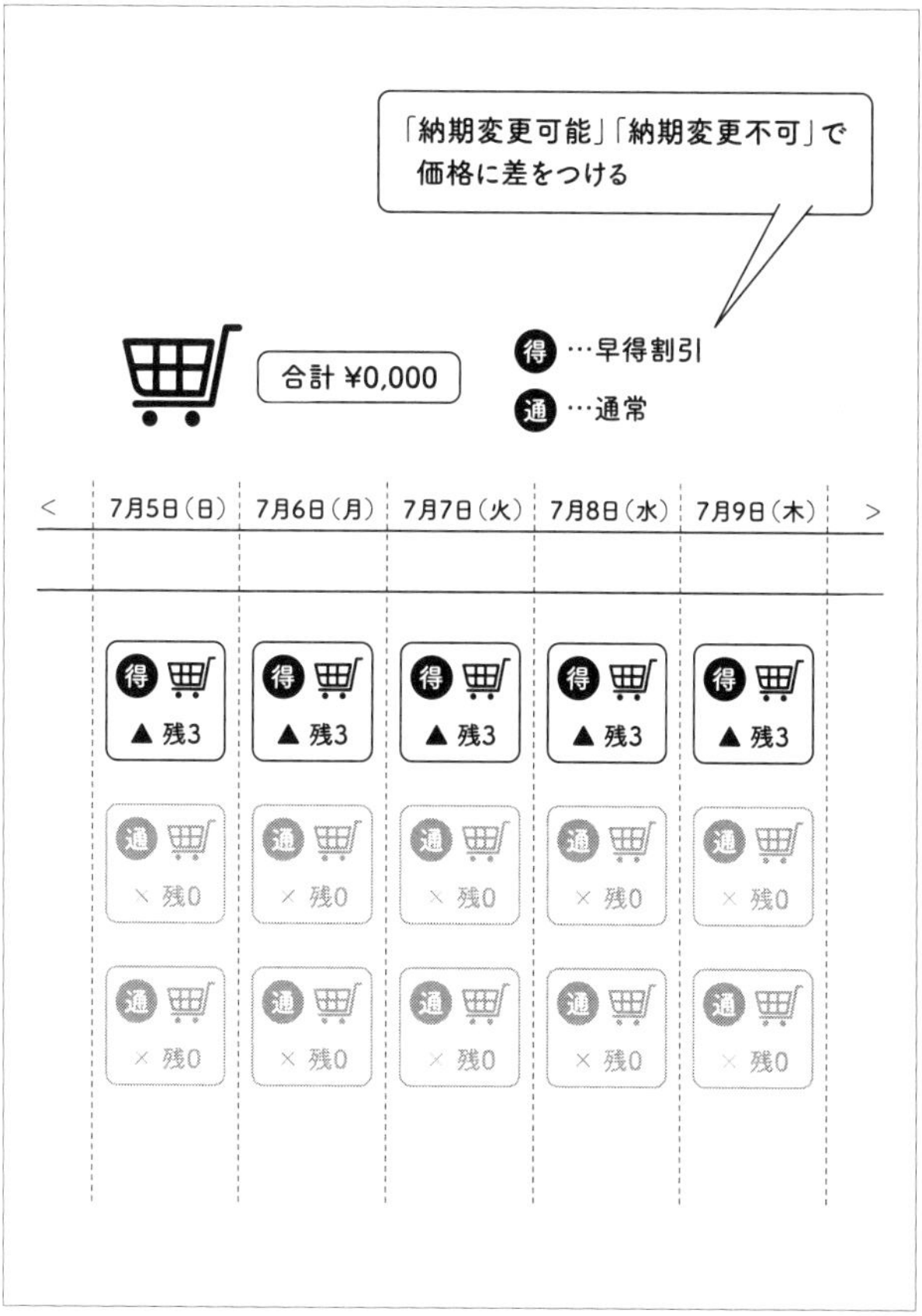

長年の積み重ねである業界商慣習を変えることは容易ではありません。そのため、「納期変更を一切受け付けない」というアプローチでは、顧客が離れてしまうだけでうまくいきません。現実的な着地点はどこか、業界内に許容される範囲でどんな改革が可能なのか、といったことを考える必要があるのです。

取引先が多ければ多いほど、一斉にシステムを変えてもらうのは難しいものです。また、デジタル化に反対する取引先も出てくるでしょう。

D社においては、上層部の賛成を得た後、いくつかの取引先に話した際には特に問題視されませんでした。しかし、社内の営業部には、顧客からのクレームを恐れて反対する人たちがいました。「現状を変えたくない」という心理が働いたのです。

こういう場合に有効なのが「ＰｏＣ（Proof of Concept）」です。

ＰｏＣとは、新しいプロジェクトやシステム、プロセスを本格的に展開する前に、限定的な範囲や期間で試験的に実施することを指します。実際に機能するかどうかの確認、全面展開へ進めるかの可否判断、プロジェクトやシステムの有意性や見直しの判断を目的として行われるものです。

Ｄ社の場合にも、デジタル化に好意的だった営業担当者を通して、ＰｏＣとして注文管理システムを使ってもらいました。そして、実際にシステムを利用した取引先担当者の感想や、工程管理部門の業務時間がどれだけ短縮されたのかを示した資料を用意し、再度営業部に提案する運びとなりました。

このように、ＰｏＣの結果は、取引先や従業員に積極的に共有していきましょう。効率化やコスト削減がどれだけ実現されたか、実際に使用した人たちはどんなメリットを享受したかなどを具体的に伝えることで、「変化への抵抗感」を軽減し、デジタル化に対して積極的に取り組むきっかけを作ることができます。

CHAPTER

5

すべての企業を悩ます予算と人材の課題

テクノロジーに対する投資の考え方

さて、4章では実際に企業の事例をあげて、それぞれどのような課題があって、どのような解決策が考えられるのかを見てきました。そこで本書の最後となる5章では、EC化・デジタル化を進めるにあたって、おそらくすべての企業が直面することになるであろう「予算」と「人材」の課題についてお話ししていこうと思います。

社内のDXやEC化について依頼を受けてコンサルティングをしていると、最もネックとなるのは、やはり予算の問題だと実感しています。EC化プロジェクトの計画をまとめて提案させていただくと、「けっこう費用がかかるんだね」「こんなに予算とれないよ」「どこから捻出したらよいのか」といった類の言葉を受けることが多々あります。

誤解してほしくないのですが、わたしは決して要件過多のシステム導入を勧めたり、会社の規模や業務に見合わないような大規模なＥＣ化を提案しているわけではありません。３章でお伝えしたように、たとえ「こんな凄いシステムを入れたい！」と依頼されても、無理なものは無理だと普段からお伝えしています。「アマゾンのようなＥＣを目指しましょう！」というように大きな夢を語るタイプではなく、かなり現実的なところをゴールに据える主義です。

確かに、ＥＣ化を行わずともこれまで日々の業務はなんとか回っていて、売上も利益もそれなりに出ている状態で、いきなり「システム予算Ｘ千万円が必要」と言われたら、「今じゃなくてもいいかな……」と尻込みしてしまう気持ちはわかります。

しかし、言うまでもありませんが、**ＥＣ化は業務効率化や売上を上げるために行われるもの。**まずは、**テクノロジーに対する予算を「投資」だと考える意識改革が必要**

です。このデジタル時代においては、どれだけテクノロジーを重視し、そこに投資できるかが企業の10年後の未来を左右するのです。

テクノロジーへの考え方が古いという現実問題

しかし、その意識改革が難しいのが現実です。多くの企業では、システム開発費やシステム保守費、運用費に対して予算編成の考え方が古く、ＡＩやＤＸなどテクノロジーの進歩が著しい今の時代に合っていません。テクノロジーに対する考え方がずれている経営者が多いのも問題です。

売上が１００億円を超えるような企業でも、テクノロジーへの投資が十分に行われていないことは珍しくありません。いまだに、社内にあるのはデスクトップパソコンのみ、パソコンは社外持ち出し禁止、インターネット環境はWi-Fiではなく有線LANのみ、といった企業も多く存在します。

また、ハードウェアだけでなく、基幹システムなどのソフトウェアの老朽化も問題です。かなり前に導入した古いタイプの会計システムを使い続けていたり、WindowsなどのOSを保守切れになるまで更新せずに放置しているなど、テクノロジーに対する必要最低限の投資すらできていない企業がたくさんあります。

さらに、誰でも簡単にフリーアドレスが取れる時代に、社員全員にメールアドレスが付与されておらず、部署で一つのメールアドレスを共有しているケースもあります。冗談でしょ？と言われることもありますが、上場企業でもそういった話をよく聞きます。

企業では年間の予算を立てます。予算の項目は、企業の収入を指す「売上予算」、製品やサービスに必要な原材料などを指す「原価予算」、人件費や事務所の賃料など原価以外の経費を指す「経費予算」、事業利益を指す「利益予算」などです。多くの企業で、**システム予算は「経費予算」**に含まれます。

ただし、**その予算は多くの場合、保守・運用に関する予算**です。たとえば、OSの保守サービスの更新や、パソコンの購入費用などにあてられており、**新しいシステムを導入するための費用が新規に計上されるケースはほとんどない**のです。

DXが叫ばれる昨今、システム導入サイクルや開発サイクルはどんどん速くなっています。しかし、現実には企業のシステム投資は、なかなか予算に計上されません。大きなプロジェクトが立ち上がり、会社として思い切った投資をするような場面でなければ、予算に組みこまれにくいのです。

大切なのは、テクノロジーに対する「継続的な」投資を「計画的に」行うこと

テクノロジーへの考え方が古い企業では、「今あるシステムを使い倒せばいい」という考え方がベースにあります。それゆえ、**テクノロジーに対して「継続的な」投資を「計画的に」行わないことが大きな問題**です。

ここで、「継続的な」「計画的に」という二つのワードについて、それぞれ考えてみます。

日頃から使用しているシステムは、いつかは壊れてしまいます。壊れて使えなくなったとなれば新しいシステムを導入するので、どんな企業でも「継続的な」投資は行っています。「行わざるを得ない」といったほうが、適切なニュアンスかもしれません。

10年間同じシステムを使い続けているような会社が、新たにシステムへの投資を決めることがあれば、次のような理由がほとんどでしょう。

・法律や規制が変わり、その新しい規則に合わせる必要があるため、システムを変更しなければならなくなった。
・システムが物理的に古くなり、メンテナンスができなくなったり、保証が切れたりした。
・新しいニーズや要求が出てきた。たとえば、支払い方法がカードや現金だけでよかったのが、QRコード決済にも対応しなければならなくなった、など。

どれも、やらざるを得なくなったから投資している、という状態です。テクノロジーに対する考え方が古い企業では、右記のような状況にならない限りは、ずっと同じシステムを使い続けるのです。

たとえていうと「家電」の使い方に似ています。

冷蔵庫を買ったら、たいていの人は使える限り使うでしょう。どこかが壊れたり、もしくは引っ越しや家族が増えるなどの理由がない限り、わざわざ買い替えることはないと思います。

ただ、10年もあれば、新たな機能を兼ね備えた冷蔵庫はどんどん登場します。省エネ性能、急速冷凍、スマホ連携、カメラ搭載など。家電の場合、常に最新の機能や性能を追いかける必要はないかもしれません。買い替えることで、節約になる、時短になる、QOLが上がるなどは期待できますが、それ自体が大きな利益を生み出すわけではないからです。

しかし、会社のテクノロジーに関しては違います。現状使えるシステムだとしても、常にアップデートすることで、家庭の比ではないほどの効率・生産性アップにつながります。ECサイトを始めるためにシステム開発をするのであれば、開発には高額な費用がかかりますが、ECサイト自体が利益を生み出してくれます。将来的に利益を生み出してくれるものに投資をして、常に最新の状態を保つようメンテナンスをするのは当然ではないでしょうか。

ですから、**テクノロジーに対しては「家電」のような考え方は捨て、システムがまだ使えるかどうかに関係なく、一定の期間が来たら新たに投資をしましょう。**これが、もう一つのワード「計画的に」投資をするということです。

たとえば、ECサイトを始めるためにシステム開発を行ったとします。システム費用は1億円。減価償却としてその1億円を5年で割って、費用として計上します。1年目は2000万円、2年目、3年目、4年目、5年目も2000万円ずつというように、5年で費用を全部償却するという予算を作ります。

減価償却が終わると、そのシステム予算はゼロになります。古い体質の企業は、費用がゼロになることを良しとするので、「予算ゼロ円でまだシステムを使える」と得をした気分になり、そのままシステムを使い続けようとします。そして、そのシステムが壊れたり、投資せざるを得ない状況になって初めて新たな投資を決める。これは、「継続的」ではありますが、「計画的」ではない投資です。

「継続的かつ計画的な」投資というのは、減価償却がすべて終わるのを待つことなく、毎年一定額をシステム費用として計上し、常にシステム予算を持つことです。「まだ使える」ではなく、毎年システム予算を使ってシステムを最新の状態に維持します。

システムは日々進化し、新しい技術が絶えず登場しています。同時に、わたしたちの消費行動も急速に変化しています。企業は、このような時代の変遷に対してもっと敏感になり、テクノロジーへの「計画的な」投資を行うことで、常にシステムも自分たちもアップデートし続けていく必要があります。

システム開発の予算はどこから捻出すべきか

では、ECのシステム開発に1億円を投資するとなったとき、その予算はどこから捻出すべきでしょうか。ここでは、「プロジェクト予算」と「事業予算」の二つの方法を考えてみましょう。

「プロジェクト予算」は、ある特定の目標を達成することに焦点を当てた予算です。新しいECサイトを立ち上げるプロジェクトであれば、サイト設計から開発、テスト、そしてローンチまでに必要なすべての費用を計算したものがプロジェクト予算です。この予算は、プロジェクトの開始から完了までの期間にわたって適用され、その期間は数ヶ月から数年に及ぶことがあります。

一方「事業予算」は、会社全体や特定の部門が日々の運営で必要とする費用と収益の見積りです。これは、給料や事務用品、電気代などの日常的な経費を含みます。事業予算は毎会計年度に作成され、会社の全体的な経済活動を管理するために使われます。

ＥＣシステム開発のようなプロジェクトであれば、「プロジェクト予算」を使うのが理想的です。

ＥＣシステム開発は、売上や利益を増やすことを目的としているわけですから、プロジェクトそれ自体で費用を回収し、さらに利益を出す必要があります。このように、明確な結果を出すことが期待されているときには、プロジェクト予算のほうが相性がよいのです。なぜなら、目標達成に必要なリソースや期間を明確に管理することができるからです。

プロジェクト予算の場合は、予算を組む段階で、プロジェクトの目標を達成するために必要な人材、技術、設備、サービスなどを特定し、それらに対する予算を割り当てます。ある意味「なんとなく」で予算を組めないので大変ですが、これによりプロジェクトをスムーズに進行させるために必要なリソースを確保することができます。

また、プロジェクトの開始から完了までの期間が設定されることにも意味があります。プロジェクトチームはスケジュールに沿って作業を進め、時間内に目標を達成することに注力するようになるからです。

コスト管理がしやすい、というのもメリットでしょう。プロジェクトに関わるチームやそのリーダーは、各活動やリソースのコストを見積もり、それらが全体の予算を超えないように管理することで、予算内でプロジェクトを完了させる意識が高まります。

プロジェクト予算を通じて右記のような事柄を明確に管理することで、目標達成のための道筋をはっきりとさせ、計画に沿ってプロジェクトを効率的に進めることができるのです。

しかし実際には、特に日本の多くの企業では、大規模なプロジェクトの立ち上げ経験が少ないため、プロジェクト予算を最初から立てるのはあまり現実的ではないと思われます。そのため、**まずは「事業予算」の枠組みを使用して予算を組むことをおすすめします。**

事業予算の場合は、会社の設備投資として予算を計上できるので、ＥＣサイト単体ですぐに利益を出せなくても、長期的な視点での投資回収が可能になります。会社全体の売上規模が大きな会社であれば、システム償却費のような項目に入れ込むといった対応もできるでしょう。

ただしこの方法では、プロジェクト予算と比べて投資回収への意識が低くなるリスクがあります。そのため、**ＥＣのシステム開発が単なる形式的なものにならないよう、初期段階から明確な目標設定をして管理体制を構築することが重要**です。

新たなプロジェクトに投資しにくい予算の仕組み

ＥＣのシステム開発において、まずは「事業予算」の枠組みで予算を組むことを推奨しました。しかし、既存の予算体系では、新規プロジェクトのための予算を確保するのが難しいという課題があります。

一般的に企業の予算は、売上予算、原価予算、経費予算、利益予算といったカテゴリに分けられ、それぞれに属する勘定科目があらかじめ定められています。これらのカテゴリに基づいて次年度の予算が計画されるのですが、既存の枠組み内で新しいプロジェクトに取り組もうとすると、すでに配分されている予算を再配分するかたちで資金を確保しようとしてしまいます。この方法では、新規プロジェクトへの十分な投資が難しくなります。

先ほど事業予算では設備投資として予算を計上できるとお伝えしましたが、特に大企業では三年から五年の中期計画が定められており、この計画にはすでに設備投資の予算が配分されています。これらの予算は、既存の建物や機械設備への投資にあてられることが多く、ＥＣシステム開発のような新規プロジェクトへの予算を確保する余地は少ないのが現状です。

このような状況を打破するために考えられるのが、「プロジェクトファイナンス」という会計手法です。

企業の信用や資産を基準にするコーポレートファイナンスと違って、プロジェクトファイナンスは、特定のプロジェクトが生み出す収益やキャッシュフローをもとに資金を調達する方法のことを指します。このアプローチでは、ＥＣサイトのシステム開発プロジェクトを独立した事業体とみなし、その事業計画に基づいて投資を求めるのです。

日本の企業は、特定の事業体を切り出して試算し、投資をするような方法に慣れていません。しかし、新規プロジェクトへの柔軟な資金調達のためには、今後プロジェクトファイナンスという手法についても考えていく必要があるかもしれません。

予算がふくらむのを避けるには

システム開発の予算を組んで実際に開発に踏み込んだものの、追加の費用がかさんだことで最終的に予算オーバーでプロジェクトが頓挫してしまう。そんな例も少なくありません。

たいていは開発会社に概算見積を聞き、その金額をもとに予算を組んでいると思いますが、システム開発における概算見積は、あくまでも概算の数字です。現実的には、**要件定義をしなければ正確な見積りは出ない**のです。

要件定義とは、システムやソフトウェアの開発プロジェクトにおいて、実装すべき

システム開発の工程

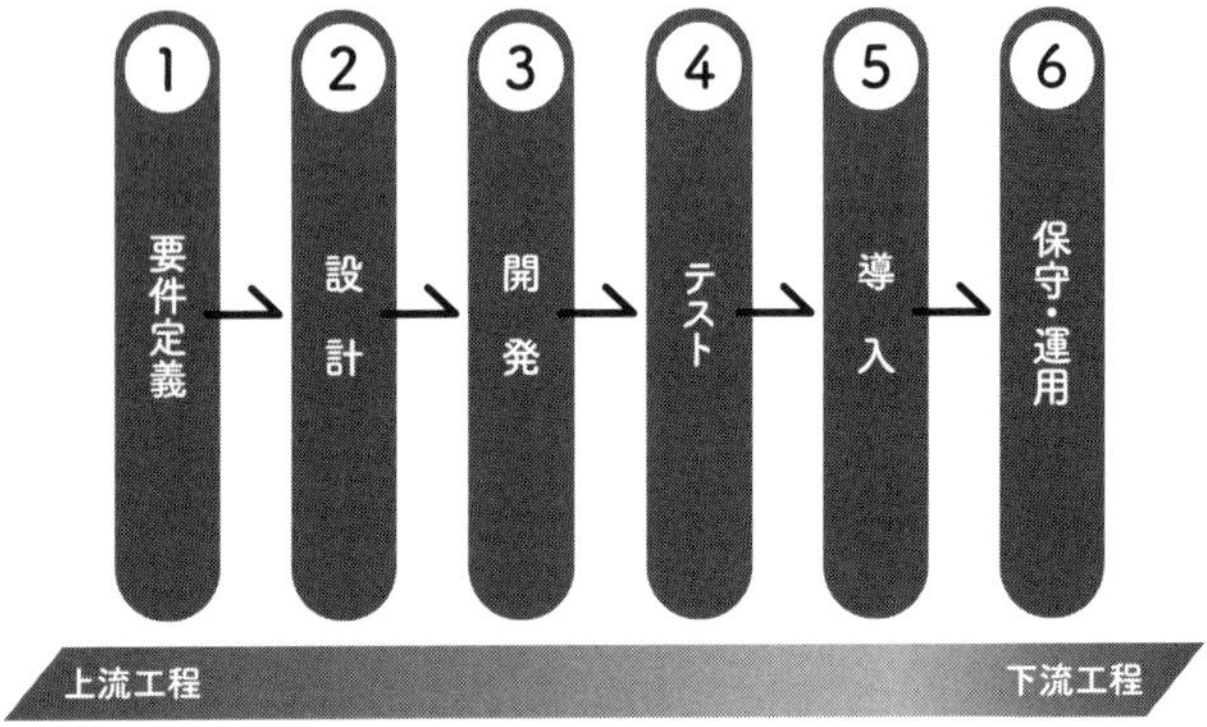

具体的な要件や機能、性能などを明確にする工程です。発注者側は「こんな機能が欲しい」「こういうことをできるようにしたい」といった要望を伝え、システム会社側がそれをシステム設計の要件へと落とし込んでいきます。

上の図のとおり、システム開発は要件定義、設計、開発、テスト、導入、保守・運用という流れで進んでいきます。要件定義はシステム開発の初期段階で行われ、プロジェクト全体の基盤となります。要件定義がプロジェクトの命運を握っているといっても過言ではないほど、重要な工程なのです。

要件定義の段階で曖昧な要望を出していると、実際に開発されたものが「思っていたものと違う」ということになってやり直しになったり、開発中に「やっぱりこの機能も追加したい」となると、途中で時間も費用も上乗せされることになります。

要件定義をしっかり考えて、予算の上限を決める

新しいプロジェクトを始めるとなれば、誰しも「できるだけ早い段階から」概算が知りたいものでしょう。しかし、システム開発の場合、要件が定まらない段階での概算は、実際の金額とは大きくかけ離れている可能性があり、あまりあてになりません。

そこで言えることは、**まずは「要件定義をしっかり行いましょう」**ということです。

ダメな例としてよくあるのは、「システムのことはよくわからないんだけど、こんなことやあんなことができるようにいい感じに作ってよ。あの機能については今と同じ感じにしといてくれる？」というように曖昧な要望を出して、システム会社や社内の情報システム部任せにすることです。

システムのことがよくわからないのは仕方ありませんが、自分たちのビジネスへの投資として行うシステム開発です。「そのシステムによってどのような効果を引き出したいのか」を自分たちで真剣に考えることは当然ではないでしょうか。

要件定義は、システム部門だけでなく、経営層や業務部門を交えての話し合いになります。日々の業務を抱えながらの参画になるでしょうから、慌ただしくなったり、深く考える時間をとるのが難しかったりするかもしれません。まだ決めなければならないことがあるものの、「事業部の○○さんが時間をとれないので、とりあえずこのまま進めてほしい。設計の段階で決めればなんとかなりますよね？」と、要件が定まらないまま進行してしまうことも多々あります。

要件定義の工程であれば簡単に修正できるものも、設計、開発、テストと工程が進めば進むほど、修正作業の負荷は大きくなります。要件の確定を先送りにしないためには、参画する人たちに十分な時間が与えられるようにし、**全員が要件定義を「自分ごと」と捉える意識を持つ**ようにしましょう。

ただし、熱心に参画していたとしても、「あの機能もこの機能も付けたい！」と要件過多になってしまうのも要注意です。

たとえば注文住宅を建てるとき、施主（家を発注する人）側は夢がふくらんで「ガーデニングをしたいから大きな庭が欲しい！」「お洒落な料理をしたいから、ビルトインのオーブンを付けたい！」と、あれこれ要望が出てきます。

すべての要望に対応していたら、当然金額はふくらんでいきます。しかし、たいていは「マックスでもX千万円」というように、支払い可能な上限があるでしょう。そこで、「庭は作るけど、予算を考えて小さくしよう」「よく考えたら、お洒落な料理を作る機会なんてあまりないだろうから、オーブンは不要」といった具合に、予算に合わせて本当に必要な機能に絞っていきます。

システム開発の要件定義も同様です。予算をふくらませないためには、まず予算に必ず上限を設けるようにしましょう。そして、その上限を踏まえて、**本当に事業につながる必要な機能に絞って考える努力が必要**です。

予算は1～2割のバッファを持つ

要件定義が固まったら、その段階でシステム会社から見積りを貰います。そして、それをもとに実際の予算を組むことになるのですが、見積りに書かれた金額をそのまま正式な予算として提出するのは危険です。**予算には必ずバッファ（予備予算）を持たせましょう。**

どれだけ要件定義をしっかり考えたとしても、思いがけない修正や変更はあるものです。そうした不測の事態に備えるために、**見積りの1～2割程度を上乗せした金額**

を予算とするのがよいでしょう。

たとえば、システム開発予算の上限が５０００万円のとき、それを念頭に置いて要件定義を固めてみたら３５００万円で可能だということがわかりました。この場合、見積り金額の２割を上乗せして４２００万円を予算にする、ということです。

「途中で何が起こるかわからないし、もう少し上乗せしたほうがいいのでは？　予算は、足りなかったら困るけど、余る分には問題ないんだから」という意見もあるかもしれません。これに関しては、いろいろな考え方があると思います。しかし、個人的には「予算はきちんと使い切るものである」というスタンスです。

予算というのは本来、会社が売上を上げるために必要だと判断した、経費や設備投資の金額の積み上げです。つまり、理屈上は「それを使い切らないと会社は成長しない」ということになります。反対に、予算を大幅に余らせるということは、予算を組む段階で今年度の事業戦略や必要経費をしっかり考えられていなかったことの表れなのです。

COLUMN

アマゾンの年2回の予算作成は戦い

予算の作成が経営を考えるうえで本来どれだけ重要で、本気で取り組むべきことか、わかりやすい例としてアマゾンの予算作成の仕組みについて紹介しましょう。

アマゾンは12月決算で、1月から12月が会計年度となります。予算作成のスケジュールとしては、6月ごろから次年度の予算案の作成準備を始め、8月にその予算の発表会を行います。それをもとに、9月から10月に次年度の予算が決まります。

その後に補正予算もあります。新年度が始まった直後の2月に補正予算の作成が始まるのです。ビジネスの状況は刻々と変わっているため、予算案を作った半年前には見通しになかったことが起こります。そこで見直しプランを作成するのが補正予算です。

これは、3月くらいまでに会議で確認され、実行に移されます。これを実行しているうちに、また翌年の予算作成の準備が始まる、という流れです。

前年度の実績（Actual）と、今年度の見込み（Forecast）を見ながら作っていきます。この予算作成は、ある意味戦いです。ここで作った数字と、そのプランが受け入れられるかどうかで、次の期には自分たちのチームのヘッドカウント（採用枠）が減ってしまったり、もっと悪い場合には、会社のなかでの存在意義がなくなってしまうかもしれないからです。

予算やヘッドカウントだけでなく、社内の人的リソースの取り合いになることもあります。なかでもエンジニアのリソースはよく取り合いになります。自分のチームでは、来期はコンビニ配送を始めたい、そのためにこういうシステムを開発する必要がある、ついては開発者のリソースが欲しい、というようなケースです。

このように、予算やヘッドカウント、エンジニアのリソースなどを得るために、自分たちのプランがいかに達成可能なものか、それによりどれだけの予算が達成できるのかをアピールします。そして、他のチームのプランについても、皆本気で話し合いをします。

この厳格なプロセスを持って予算を作るとともに、見込み(Forecast)、実績(Actual)を継続的に見ながら本気で話し合うので、アマゾンはどんなに売上が大きくなってもきちんと利益を出すことが可能です。

このプロセスは、かなりの労力と時間をかけて行っています。やっているほうからすると嫌になるくらい大変な仕事なのですが、これがあるからこそ、アマゾンの経営はしっかりと回っています。

ベゾスが、「これはアマゾンが行う非常に素晴らしい仕組みだから、死んでもやり続ける」と言ったくらい、アマゾンにとって重要な仕組みなのです。

コラム　アマゾンの年2回の予算作成は戦い

COLUMN

システム開発のプロジェクト進行のコツ

ECのシステム開発にあたっては、誰がプロジェクトの責任者（プロジェクトオーナー）になるべきなのでしょうか。

結論からいうと、**営業や事業部など、実際にそのシステムを使う（システムの恩恵を受ける）部署から責任者を立てるのが最適**です。そうでなければ、どんなECにしたいのか、必要な機能と不要な機能は何か、どうすれば使いやすいものになるのかといった、「実際に使えるEC」にするための要件が定まらないからです。

システム開発を進めるにあたって関わる人たちのレイヤーは次のとおりです。

・ステコミ：ステアリングコミッティ（Steering Committee ＝運営委員会）の略。

経営層のこと。経営レベルでの意思決定ができ、人や資金のリソースを提供する立場です。

・プロジェクトオーナー：**プロジェクトの実質的な責任者。**事業レベルでの意思決定ができる事業部長や営業部長などが適任です。必ずシステムリリース後に事業責任を負う人を任命すべきです。

・プロジェクトマネージャー：プロジェクトの管理者。プロジェクトレベルでの意思決定ができる人材で、情報システム部の担当者などが該当します。あくまでシステムに関して責任を負う立場であり、事業に対する判断はしません。

・メンバー／外部ベンダー：システム設計者。社内であればシステム担当部署、外部であればシステム会社などが該当します。

システム開発の責任者

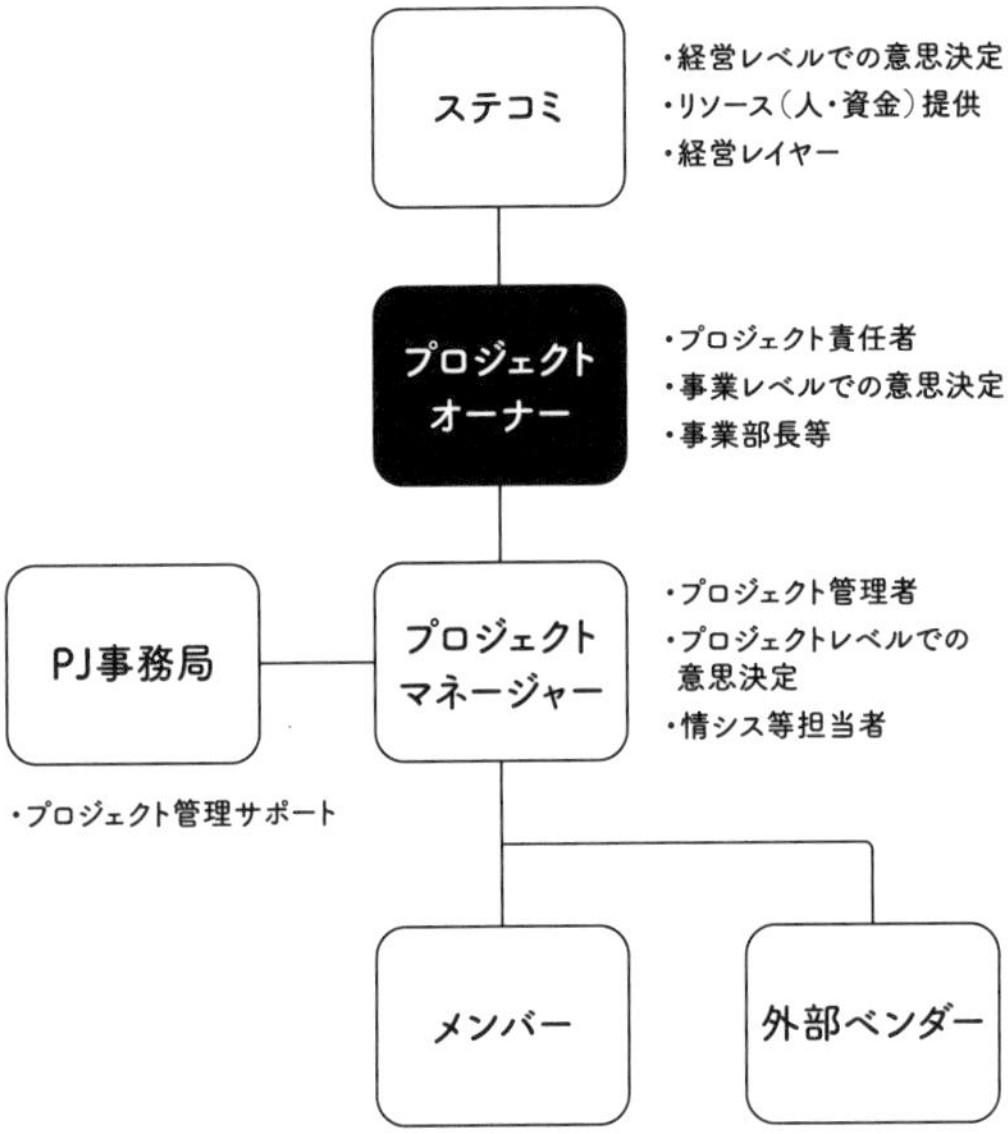

オーナーは必ず
リリース後の事業責任を負う人を任命

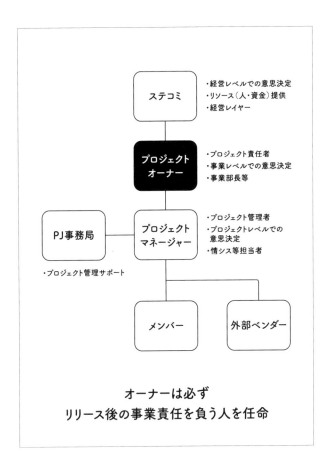

プロジェクトオーナーである事業部長が、プロジェクトマネージャーである情報システム部に「こういうシステムにしてほしい」と発注をするのが本来の流れです。そのシステムを実際に使う人間（＝事業部）が、どんな仕様にしたいかを考えるのは当然です。

しかし実際には、プロジェクトオーナー不在のままプロジェクトが始まってしまうケースが非常に多くあります。経営層が情報システム部などに任せて、プロジェクトを進めるように言うのです。

注文住宅にたとえると、事業部が施主（実際に家に住む人）であり、情報システム部は住宅メーカーといったところでしょうか。**プロジェクトオーナー不在のプロジェクト進行というのは、施主が不在で家を建てていくということ**です。

たとえば、土地を持っているおじいさんが、自分の息子夫婦のために家を建ててあげようと考えたとします。先ほどの図で見ると、おじいさんがステコミ、実際に住む息子夫婦がプロジェクトオーナー、住宅メーカーがプロジェクトマネージャーです。

しかし、息子夫婦は今のマンション暮らしに特に不満はなく、どうしても引っ越したいわけではありません。「タダで家を貰えるならラッキーだしお願いしようか。でも自分たちは仕事で忙しいから、住宅メーカーとの打ち合わせや詳細はお父さんに任せよう」といった調子です。

息子夫婦は打ち合わせに参加せず、おじいさんが住宅メーカーに「夫婦二人だし、間取りは3LDKでいいんじゃないか」「庭は広いほうがいいと思う」「あとはいい感じに作ってよ」と要望をざっくり伝えて、家づくりがスタートします。

住宅メーカーは、要所要所で息子夫婦に連絡をとって細部の確認をするものの、家づくりの知識がまったくない二人は「よくわからないので、一般的なものにしておいてください」といった具合です。

仕方ないので、住宅メーカーはおじいさんの要望を取り入れつつ、無難で建てやすそうな間取りを設計します。

そうして家が完成し、いざ引っ越しとなると、息子夫婦が言うのです。「え、3LDKなの？　ゆくゆくは子どもが三人欲しいから、これでは部屋数が足りない」「こんな広い庭どうすればいいの!?　僕たちガーデニングには興味ないし、こんな広い庭管理できないよ……」

かなり極端なたとえではありますが、同様のことがEC化プロジェクトを進める際にも頻繁に起きているのです。

プロジェクトオーナーを任命できない、もしくはその役割をきちんと果たせない理由としては、次のようなことが考えられるでしょう。

・事業部は日常業務で手一杯で、新しいプロジェクトに取り組む余裕がない。
・システムを導入するメリットは理解できるものの、実際の作業現場では、今すぐに現状を変える必要性を強く感じていない。
・システム開発に時間を費やしても、直ちに事業部の売上に貢献するわけではない。

どの言い分も理解できます。しかし、ＥＣ化やデジタル化は、きちんと設計して意味のあるシステムを導入すれば、業務の効率化や売上の増加につながります。

ですから、プロジェクトオーナーはプロジェクトを「自分ごと」として捉えるのが大切です。そして、自分たちのニーズに合った、実際に売上や利益に貢献するシステムを開発するために、プロジェクトに対して責任を持って主体的に関わるようにしましょう。

テクノロジーに詳しい人材をどう確保するのか

これまで度々お話ししてきましたが「ECサイトを作る」「システムを導入する」となると、つい情報システム部に任せがちになってしまうのは、よくあることです。

しかし、情報システム部の主な仕事は、基幹システムの導入や運用、会社のインフラとしてのネットワークやPCの管理です。ときには社員からの質問や相談に応える、いわゆる「社内ヘルプデスク」の役割を果たしていることもあるでしょう。

つまり、「情報システム部の担当者＝ウェブサイトやECに関する知見や経験がある」わけではないのです。

また、近年ではシステム担当者の人材不足が深刻な課題になっています。情報システム部が一名しかいない会社も多く、「一人情シス」という言葉が生まれたほどです。一人情シスに関する書籍も出版されています。企業によっては、新人が入社せず、情報システム部のメンバーが高齢化しているケースも少なくありません。

情報システム部が人材不足に陥っていることや、スキルアップの機会を持てないことは、経営層が情報システム部門の業務内容や重要性を把握していないことに端を発しています。

日本の経営層はいわゆる「文系社長」の割合が多く、最新テクノロジーのインプットも情報システム部に任せきりになっていることがほとんどです。そして、システムの知識がないにもかかわらず、「他の企業が導入しているから」「業界のトレンドだから」という理由で、欧米のシステム——昔であればＩＢＭ、今であればグーグル、ＣＲＭシステムのセールスフォース、アマゾンのＡＷＳなど——を導入しようとする傾向があります。

まずは、**経営層がテクノロジーに関する知識を持ち、業界のトレンドに流されず、自社にとって何が必要かを見極めることが重要**です。そして、社内で不足しているテクノロジー人材の採用と育成も必要です。

現代は深刻なＩＴ人材不足なので、高度なＩＴスキルを持つ社内ＳＥを雇用するには、かなりのコストがかかります。しかし、たとえコストがかかったとしても、テクノロジーに詳しい人材がいなければ、ＥＣ化を進めることはできません。ある程度は外注するにしても、システムを運用するには社内に人材が必要です。

また、どんなに優れた人材であっても、一人で情報システム部門の業務をすべて担当するのは容易ではありませんし、危機管理の面からもさせるべきではありません。

第三者の立場となる外部コンサルなどを入れる

では、どのようにテクノロジーに詳しい人材を確保すればいいのでしょうか。

社内でできることといえば、最新のテクノロジーや必要なスキルに関する研修を実施したり、社員が自発的に学べるようにオンライン学習プラットフォームを用意するなど、社員に対してスキルアップの機会を与えるという方法があるでしょう。また、テクノロジースキルの向上や新しい技術の学習に対して、報酬や昇進といったインセンティブを提供する仕組みも考えられます。

こうした取り組みを通して、企業はテクノロジーに詳しい人材を育成し、組織全体のテクノロジーに対する意識面とスキル面の底上げを図ることができます。経営層がテクノロジーの重要性を把握していれば、すぐにでも実施することができるでしょう。

このようにして、社内で優秀な人材を育成していくことが望ましいのですが、現在システムやECに関する知見のある人材が少ない状態では、内部育成をするにはどうしても時間がかかってしまうでしょう。

このような状況では、外部からのサポートを求めることが有効な手段となります。最初に考えられるのは、テクノロジーに強い人材の採用です。採用戦略を見直してデジタル分野での専門知識を持った人向けの求人広告を強化したり、今後会社がデジタルシフトしていく旨をコーポレートサイトなどを通してアピールしたりするなどの手法がとれます。

ただし、外部から採用したメンバーが既存のチームに溶け込むことは容易ではない場合があります。優秀な人材を雇用したにもかかわらず、社内の文化や環境に馴染まず、残念ながら早期に退職するケースは度々発生します。

たとえば、社内でDX事業部を立ち上げることになり、外部からデジタルに明るい人材を採用することになったとしましょう。運よく、とある大企業で「デジタル事業部長」の経験のある人材を採用することができ、「ＤＸ事業部長」として迎え入れることができました。

社内の人間は、外部から新たにやってきたＤＸ事業部長に対して「凄い経歴の持ち主だなあ」と感心するものの、両者が完全に融合することは一朝一夕ではかないません。

元から社内にいる人たちは自分たちの文化にどっぷり浸かっているため、事業部長が新しいやり方やアイディアを提案しても「いや、でもうちはずっとこのやり方でやってきたから」「前の会社ではできたかもしれないけど、うちでは無理じゃないかな」となりがちだからです。

大企業でそれなりの肩書きを持って転職してくる人は、優秀であるゆえどこでも活躍することができます。そして、必ずしも今いる会社にコミットするわけではなく、自身のキャリアアップを重視する傾向があります。

そのため、社内の文化や環境が合わないと判断すれば、見切りをつけて颯爽と出て行ってしまうのです。そうして、事業部長不在の「DX事業部」が残り、次の事業部長がなかなか見つからないので、そのまま経営管理部と統合する……といったことは度々あるのです。

これが、外部から人材を採用することの難しさなのです。

そういった事態を防ぐためには、採用後のフォローアップが重要です。外部からの新メンバーを迎え入れる準備として、内部の社員からサポート役を募るのです。

それと同時に、テクノロジーに詳しい経験豊富なコンサルティング会社からのアドバイスを求めることも、企業にとって有益な戦略となります。コンサルタントは第三者の立場から客観的かつ中立的な意見を提供でき、そのアドバイスは社内の人間が行うものより受け入れやすいとされています。第三者の専門家を活用することで、企業は新たな取り組みを冷静に評価し、適切な判断を下しやすくなるのです。

おわりに

時代は変わり、わたしたちの生活のあらゆる場面にデジタルが当たり前に存在し、人々のデジタルに対するリテラシーは飛躍的に高まりました。今では、ＥＣ化やデジタル化は企業が競争力を維持し、成長の新たな道を切り拓くための「必修科目」です。

それにもかかわらず、さまざまな要因により、その必修科目の前で足踏みをしている企業がたくさんあります。本書で取り上げた課題に該当するものもあれば、その会社や組織特有の課題もあると思います。いずれにせよ、ＥＣ化やデジタル化に向けて具体的な行動を移すのは、決して簡単なことではないでしょう。

しかし、最初の一歩を踏み出す勇気と決断が、大きな変化を生み出します。ＥＣ化・デジタル化のプロセスは一朝一夕に達成できるものではありませんが、それゆえ本書で紹介したようにスモールステップで進めていくという考え方が大切になります。
自社の素晴らしい製品力、優れたサービス、これまで培ってきた信頼と実績は、デジタルと掛け合わせることで、新たな高みを目指すことができるようになります。反対に、デジタルの波に乗らなかったことで、素晴らしい製品、サービス、技術、人材を持つ企業が衰退してしまうのは非常に惜しいことです。

あなたの会社が10年後を勝ち抜くために、今こそ行動を起こすときです。

本書が、あなたのＥＣ化・デジタル化の最初の一歩、もしくは次の一歩を踏み出すきっかけになれば幸いです。

林部　健二

10年後に勝ち残るＥＣ戦略

2024年6月5日　第1刷発行

著者　林部 健二
発行者　谷口 一真
発行所　リチェンジ
〒115-0044 東京都北区赤羽南 2-6-6 スカイブリッジビル B1F

編集　谷口 一真
編集協力　佐藤 友美／小森 優香
DTP　玉村 菜摘
カバーデザイン　喜來 詩織（エントツ）
本文デザイン　藤原 夕貴

印刷・製本　株式会社シナノパブリッシングプレス
発売元　星雲社（共同出版社・流通責任出版社）
〒112-0005 東京都文京区水道 1-3-30
TEL：03-3868-3275

ISBN978-4-434-33971-4　C0034